The Dharma Destroying Kingdom

The Dharma Destroying Kingdom

A Story in Simplified Chinese and Pinyin
Includes English Translation

Book 28 of the *Journey to the West* Series

Written by Jeff Pepper
Chinese Translation by Xiao Hui Wang

Based on chapters 84 – 86 of the original
Chinese novel *Journey to the West* by Wu Cheng'en

This is a work of fiction. Names, characters, organizations, places, events, locales, and incidents are either the products of the author's imagination or used in a fictitious manner. Any resemblance to actual persons, living or dead, or actual events is purely coincidental.

Copyright © 2022 – 2023 by Imagin8 Press LLC, all rights reserved.

Published in the United States by Imagin8 Press LLC, Verona, Pennsylvania, US. For information, contact us via email at info@imagin8press.com or visit www.imagin8press.com.

Our books may be purchased directly in quantity at a reduced price, visit our website www.imagin8press.com for details.

Imagin8 Press, the Imagin8 logo and the sail image are all trademarks of Imagin8 Press LLC.

Written by Jeff Pepper
Chinese translation by Xiao Hui Wang
Cover design by Katelyn Pepper and Jeff Pepper
Book design by Jeff Pepper
Artwork by Next Mars Media, Luoyang, China
Audiobook narration by Junyou Chen

Based on the original 16th century Chinese novel by Wu Cheng'en

ISBN: 978-1952601965
Version 04

Acknowledgements

We are deeply indebted to the late Anthony C. Yu for his incredible four-volume translation, *The Journey to the West* (University of Chicago Press, 1983, revised 2012).

We have also referred frequently to another unabridged translation, William J.F. Jenner's *The Journey to the West* (Collinson Fair, 1955; Silk Pagoda, 2005), as well as the original Chinese novel 西游记 by Wu Cheng'en (People's Literature Publishing House, Beijing, 1955). And we've gathered valuable background material from Jim R. McClanahan's *Journey to the West Research Blog* (www.journeytothewestresearch.com).

And many thanks to the team at Next Mars Media for their terrific illustrations, Jean Agapoff for her careful proofreading, and Junyou Chen for his wonderful audiobook narration.

Audiobook

A complete Chinese language audio version of this book is available free of charge. To access it, go to YouTube.com and search for the Imagin8 Press channel. There you will find free audiobooks for this and all the other books in this series.

You can also visit our website, www.imagin8press.com, to find a direct link to the YouTube audiobook, as well as information about our other books.

Preface

Here's a summary of the events of the previous books in the Journey to the West *series. The numbers in brackets indicate in which book in the series the events occur.*

Thousands of years ago, in a magical version of ancient China, a small stone monkey is born on Flower Fruit Mountain. Hatched from a stone egg, he spends his early years playing with other monkeys. They follow a stream to its source and discover a secret room behind a waterfall. This becomes their home, and the stone monkey becomes their king. After several years the stone monkey begins to worry about the impermanence of life. One of his companions tells him that certain great sages are exempt from the wheel of life and death. The monkey goes in search of these great sages, meets one and studies with him, and receives the name Sun Wukong. He develops remarkable magical powers, and when he returns to Flower Fruit Mountain he uses these powers to save his troop of monkeys from a ravenous monster. *[Book 1]*

With his powers and his confidence increasing, Sun Wukong manages to offend the underwater Dragon King, the Dragon King's mother, all ten Kings of the Underworld, and the great Jade Emperor himself. Finally, goaded by a couple of troublemaking demons, he goes too far, calling himself the Great Sage Equal to Heaven and sets events in motion that cause him some serious trouble. *[Book 2]*

Trying to keep Sun Wukong out of trouble, the Jade Emperor gives him a job in heaven taking care of his Garden of Immortal Peaches, but the monkey cannot stop himself from eating all the peaches. He impersonates a great Immortal and crashes a party in Heaven, stealing the guests' food and drink and barely escaping to his loyal troop of monkeys back on

Earth. In the end he battles an entire army of Immortals and men, and discovers that even calling himself the Great Sage Equal to Heaven does not make him equal to everyone in Heaven. As punishment, the Buddha himself imprisons him under a mountain. *[Book 3]*

Five hundred years later, the Buddha decides it is time to bring his wisdom to China, and he needs someone to lead the journey. A young couple undergo a terrible ordeal around the time of the birth of their child Xuanzang. The boy grows up as an orphan but at age eighteen he learns his true identity, avenges the death of his father and is reunited with his mother. Xuanzang will later fulfill the Buddha's wish and lead the journey to the west. *[Book 4]*

Another storyline starts innocently enough, with two good friends chatting as they walk home after eating and drinking at a local inn. One of the men, a fisherman, tells his friend about a fortuneteller who advises him on where to find fish. This seemingly harmless conversation between two minor characters triggers a series of events that eventually costs the life of a supposedly immortal being and causes the great Tang Emperor himself to be dragged down to the underworld. He is released by the Ten Kings of the Underworld but is trapped in hell and only escapes with the help of a deceased courtier. *[Book 5]*

Barely making it back to the land of the living, the Emperor selects the young monk Xuanzang to undertake the journey, after being influenced by the great bodhisattva Guanyin. The young monk sets out on his journey. After many difficulties his path crosses that of Sun Wukong, and the monk releases him from his prison under a mountain. Sun Wukong becomes the monk's first disciple. *[Book 6]*

As their journey gets underway, they acquire three more

companions. First, a mysterious river-dwelling dragon who transforms into a white horse. *[Book 7]* Next, the pig-man Zhu Bajie, the embodiment of stupidity, laziness, lust and greed. In his previous life, Zhu was the Marshal of the Heavenly Reeds, but the Jade Emperor banished him to earth. He plunged from heaven to earth, ended up in the womb of a sow, was reborn as a man-eating pig monster, married to a farmer's daughter, fought with Sun Wukong, and ended up joining and becoming the monk's second disciple. *[Book 8]* And finally they meet Sha Wujing, who was once the Curtain Raising Captain but was banished from heaven by the Yellow Emperor for breaking an extremely valuable cup during a drunken visit to the Peach Festival. *[Book 9]*

As they travel westward, Heaven puts obstacles in their path. They arrive at a secluded mountain monastery which turns out to be the home of a powerful master Zhenyuan and an ancient and magical ginseng tree. As usual, the travelers' search for a nice hot meal and a place to sleep quickly turns into a disaster. Zhenyuan has gone away for a few days and has left his two youngest disciples in charge. They welcome the travelers, but soon there are misunderstandings, arguments, battles in the sky, and before long the travelers are facing a powerful and extremely angry adversary, as well as mysterious magic fruits and a large frying pan full of hot oil. *[Book 10]*

Next, Tangseng and his band of disciples come upon a strange pagoda in a mountain forest. Inside they discover the fearsome Yellow Robed Monster who is living a quiet life with his wife and their two children. Unfortunately the monster has a bad habit of ambushing and eating travelers. The travelers find themselves drawn into a story of timeless love and complex lies as they battle for survival against the monster and his allies. *[Book 11]*

The travelers arrive at level Top Mountain and encounter their most powerful adversaries yet: Great King Golden Horn and his younger brother Great King Silver Horn. These two monsters, assisted by their elderly mother and hundreds of well-armed demons, attempt to capture and liquefy Sun Wukong, and eat the Tang monk and his other disciples. *[Book 12]*

Resuming their journey the monk and his disciples stop to rest at a mountain monastery in Black Rooster Kingdom. Tangseng is visited in a dream by someone claiming to be the ghost of a murdered king. Is he telling the truth or is he actually a demon in disguise? Sun Wukong offers to sort things out with his iron rod. But things do not go as planned. *[Book 13]*

Tangseng and his three disciples encounter a young boy hanging upside down from a tree. They rescue him only to discover that he is really Red Boy, a powerful and malevolent demon and, it turns out, Sun Wukong's nephew. The three disciples battle the demon but soon discover that he can produce deadly fire and smoke which nearly kills Sun Wukong. *[Book 14]*

Leaving Red Boy with the bodhisattva Guanyin, the travelers continue to the wild country west of China. They arrive at a strange city where Daoism is revered and Buddhism is forbidden. Sun Wukong gleefully causes trouble in the city, and finds himself in a series of deadly competitions with three Daoist Immortals. *[Book 15]*

Later, the travelers encounter a series of dangerous demons and monsters, including the Great Demon King who demands two human sacrifices each year *[Book 16]*, and a monster who uses a strange and powerful weapon to disarm and defeat the disciples. *[Book 17]*

Springtime comes and the travelers run into difficulties and temptations in a nation of women and girls. Tangseng and Zhu become pregnant after drinking from the Mother and Child River. Then Tangseng is kidnapped by a powerful female demon who takes him to her cave and tries to seduce him. *[Book 18]*

Continuing their journey, Tangseng has harsh words for the monkey king Sun Wukong. His pride hurt, Sun Wukong complains to the Bodhisattva Guanyin and asks to be released from his service to the monk. She refuses his request. This leads to a case of mistaken identity and an earthshaking battle. *[Book 19]* Then the travelers find their path blocked by a huge blazing mountain eight hundred miles wide. Tangseng refuses to go around it, so Sun Wukong must discover why the mountain is burning and how they can cross it. *[Book 20]*

Three years after an evil rainstorm of blood covers a city and defiles a beautiful Buddhist monastery, Tangseng and his three disciples arrive. This leads to an epic underwater confrontation with the All Saints Dragon King and his family. And later, Tangseng is trapped in a vast field of brambles by a group of poetry loving but extremely dangerous nature spirits. *[Book 21]*

Later, Tangseng sees a sign, "Small Thunderclap Monastery," and foolishly thinks they have reached their goal. Sun Wukong sees through the illusion, but the false Buddha in the monastery traps him between two gold cymbals and plans to kill his companions. Escaping that, the travelers find their path blocked by a giant snake and a huge pile of slimy and foul-smelling rotting fruit. *[Book 22]*

Continuing on their journey, they meet the king of Scarlet Purple Kingdom. The king is gravely ill, sick with grief over the loss of one of his wives who was abducted by a nearby demon king. Sun Wukong pretends to be a doctor and attempts to cure the king with a treatment not found in any medical textbook. Then he goes to rescue the imprisoned queen, leading to an earth-shaking confrontation with the demon king. *[Book 23]*

Tangseng goes alone to beg some food at the home of some beautiful and seemingly gentle young women. He soon finds out that they are far from gentle. Trapped in their web, he waits to be cooked and eaten while his three disciples attempt to rescue him by confronting the spider demons, a horde of biting insects, and a mysterious Daoist alchemist. *[Book 24]*

Later, the travelers meet a trio of powerful demons: a blue-haired lion, an old yellow-tusked elephant, and a huge terrifying bird called Great Peng. They try but fail to defeat the three demons. Finally, with nowhere else to turn, Sun Wukong goes to Spirit Mountain to beg help from the Buddha himself. *[Book 25]*

Tangseng and his disciples arrive at the capital of Bhiksu Kingdom and see a thousand little boys locked in cages in front of their homes. Sun Wukong arranges to get them safely out of the city. Then he and the others unravel a plot devised by two demons who, disguised as a Daoist master and his lovely daughter, have beguiled the king. They must defeat the demon, release the king from his spell, and save the children. *[Book 26]*

Walking through a forest, Tangseng sees a young woman tied to a tree. Ignoring Sun Wukong's warning, he rescues her. But he soon discovers that she is a powerful mouse demon with a taste for human flesh and a desire to marry the monk. *[Book 27]*

After defeating the mouse demon, the four travelers continue their journey to the west…

The Dharma Destroying Kingdom
灭法王国

Dì 84 Zhāng

Wǒ qīn'ài de háizi, zài zuó wǎn de gùshì zhōng, wǒ gěi nǐ jiǎng le yígè guānyú fójiào héshang Tángsēng de gùshì. Tā bèi yígè èmó zhuāzhù, jīhū hé yígè nǚ móguǐ jiéhūn. Tángsēng zài tā de sān gè qiángdà de túdì: Hóu wáng Sūn Wùkōng, zhū rén Zhū Bājiè, ānjìng de Shā Wùjìng de bāngzhù xià táo le chūlái. Túdìmen jiù le tā, ràng tā méiyǒu hé měilì dàn wéixiǎn de nǚ móguǐ jiéhūn, yě méiyǒu diū le tā de yáng. Zhīhòu, sì wèi yóurén jìxù xiàng xī xíngzǒu.

Dāng tāmen zài qiánwǎng Yìndù de lǚtú zhōng, tiānqì biàn nuǎn le. Wēnnuǎn de qīng fēng chuī zài tāmen de liǎn shàng, zǎo xià de yǔshuǐ dǎ zài tāmen de liǎn shàng. Dìshàng kāi mǎn le měilì de shānhuā.

Tūrán, yígè lǎo fùrén cóng liǎng kē gāodà de liǔshù zhījiān zǒu le chūlái. Tā qiānzhe yígè xiǎo nánhái de shǒu. Tā shuō, "Tíngzhù! Héshangmen, búyào zài wǎng qián zǒu le. Zhuǎnshēn xiàng dōng zǒu. Zhè tiáo lù zǒu bùtōng."

Tángsēng hěn chījīng, cóng mǎshàng tiào xiàlái, xiàng tā jūgōng, shuō, "Lǎo púsà, gǔrén shuō, 'Hǎi hěn kuān, yú er kěyǐ tiào, tiān hěn gāoyuǎn, niǎo er kěyǐ fēi.' Zěnme kěnéng méiyǒu xiàng xī

第84章

我亲爱的孩子,在昨晚的故事中,我给你讲了一个关于佛教和尚唐僧的故事。他被一个恶魔抓住,几乎和一个女魔鬼结婚。唐僧在他的三个强大的徒弟:猴王孙悟空、猪人猪八戒、安静的沙悟净的帮助下逃了出来。徒弟们救了他,让他没有和美丽但危险的女魔鬼结婚,也没有丢了他的阳。之后,四位游人继续向西行走。

当他们在前往印度的旅途中,天气变暖了。温暖的轻风吹在他们的脸上,早夏的雨水打在他们的脸上。地上开满了美丽的山花。

突然,一个老妇人从两棵高大的柳树之间走了出来。她牵着一个小男孩的手。她说,"停住!和尚们,不要再往前走了。转身向东走。这条路走不通。"

唐僧很吃惊,从马上跳下来,向她鞠躬,说,"老菩萨,古人说,'海很宽,鱼儿可以跳,天很高远,鸟儿可以飞。'怎么可能没有向西

de lù ne?"

Lǎo fùrén kànzhe tā shuō, "Lí zhèlǐ wǔ, liù lǐ de dìfāng, jiùshì Miè Fǎ Wángguó. Zài qián yìshēng, guówáng duì fójiào hěn shēngqì, yīnwèi yìxiē fójiào héshang duì tā bù hǎo. Zhè yìshēng, tā fāshì yào shā sǐ yí wàn míng fójiào héshang. Dào xiànzài, tā yǐjīng shā sǐ le jiǔqiān jiǔbǎi jiǔshíliù míng héshang. Tā zhǐshì zài děng lìngwài sì gè héshang. Rúguǒ nǐmen qù chéng lǐ, nǐmen jiāng huì diū le nǐmen de shēngmìng."

"Xièxiè," Tángsēng huídá. "Wǒ hěn gǎnxiè nǐ de huà. Gàosù wǒ, chéng de sìzhōu hái yǒu lìng yìtiáo lù ma?"

Tā xiào le. "Méiyǒu, méiyǒu bié de lù kě zǒu, chúfēi nǐ néng fēi."

Zhū rén Zhū shuō, "Māma, nǐ de huà bú huì xià huài wǒmen. Wǒmen dōu néng fēi."

Zhǐyǒu hóu wáng Sūn Wùkōng yígè rén néng kàndào zhège nǚrén de zhēnxiàng. Tā kàn chū tā shì Guānyīn púsà, zài lǚtú zhōng bǎohùzhe sì

的路呢？"

老妇人看着他说，"离这里五、六里的地方，就是灭法王国。在前一生，国王对佛教很生气，因为一些佛教和尚对他不好。这一生，他发誓要杀死一万名佛教和尚。到现在，他已经杀死了九千九百九十六名和尚。他只是在等另外四个和尚。如果你们去城里，你们将会丢了你们的生命。"

"谢谢，"唐僧回答。"我很感谢你的话。告诉我，城的四周还有另一条路吗？"

她笑了。"没有，没有别的路可走，除非你能飞。"

猪人猪说，"妈妈，你的话不会吓坏我们。我们都能飞。"

只有猴王孙悟空一个人能看到这个女人的真相。他看出她是观音菩萨，在旅途中保护着四

wèi yóurén. Zhège nánhái shì Guānyīn de túdì Hóng Hái'ér. Sūn Wùkōng dǎo zài dìshàng shuō, "Púsà, qǐng yuánliàng nǐ de túdì méiyǒu xiàng nǐ wènhǎo!"

Guānyīn qí shàng le tā de cǎiyún. Tángsēng hé tā de sān gè túdì xiàng tā kòutóu. Tā zǒu hòu, ānjìng de dà gèzi Shā shuō, "Tài hǎo le, tā gàosù le wǒmen guānyú Miè Fǎ Wángguó de shìqing. Nà wǒmen gāi zěnme bàn?"

"Bié hàipà," Sūn Wùkōng shuō. "Wǒmen dǎguò hěnduō móguǐ hé yāoguài. Zài zhège wángguó lǐ, méiyǒu móguǐ, méiyǒu yāoguài, zhǐyǒu rén. Wǒmen wèishénme yào hàipà tāmen ne?" Tā kàn le sìzhōu, jìxù shuōdào, "Dànshì shíjiān bù zǎo le. Wǒmen bù xīwàng cūnlǐ de rén kàndào wǒmen. Tāmen kěnéng zhèngzài zhǎo sì gè héshang, bǎ tāmen shā le. Ràng wǒmen yuǎnlí zhè tiáo lù, zhǎo gè kěyǐ xiūxí hé shuōhuà de dìfāng."

Tāmen zài lí lù bù yuǎn de dìfāng zhǎodào le yígè ānjìng de dì

位游人。这个男孩是观音的徒弟红孩儿[1]。孙悟空倒在地上说,"菩萨,请原谅你的徒弟没有向你问好!"

观音骑上了她的彩云。唐僧和他的三个徒弟向她叩头。她走后,安静的大个子沙说,"太好了,她告诉了我们关于灭法王国的事情。那我们该怎么办?"

"别害怕,"孙悟空说。"我们打过很多魔鬼和妖怪。在这个王国里,没有魔鬼,没有妖怪,只有人。我们为什么要害怕他们呢?"他看了四周,继续说道,"但是时间不早了。我们不希望村里的人看到我们。他们可能正在找四个和尚,把他们杀了。让我们远离这条路,找个可以休息和说话的地方。"

他们在离路不远的地方找到了一个安静的地

---

[1] Red Boy is the son of Princess Iron Fan and the Bull Demon King. The story of his battle with Sun Wukong is told in Book 14, *The Cave of Fire*. After his defeat, Red Boy became a devoted disciple of Guanyin and was given the new name Shancai (or Sudhana), "Boy Skilled in Wealth."

fāng. Tāmen zuò zài dìshàng. Sūn Wùkōng shuō, "Zhū hé Shā, nǐmen zhàogù shīfu. Wǒ qù chéng lǐ kàn kàn."

Tā tiào dào kōngzhōng, fēi dào chéngshì de shàngkōng. Wǎng xià kàn, tā kàndào le yízuò míngliàng fánróng de chéngshì. Zhè shí yǐ jìn wǎnshàng, yuèliang cóng dōngbiān shànglái. Rénmen zhèngzài jiéshù tāmen de gōngzuò, huí dào tāmen zìjǐ de jiā. Sūn Wùkōng bùxiǎng bèi rén kàndào, suǒyǐ tā biànchéng le yì zhī fēi é. Tā zài chéngshì zhōng fēizhe, kànzhe jiēdào hé shāngdiàn. Tā kàndào yìjiā dà jiǔdiàn, shàngmiàn xiězhe "Yóurén Xiūxí Suǒ." Zài zhè xiàmiàn yòu xiězhe shāngdiàn zhǔrén de míngzì, Wáng xiānshēng. Tā wǎng lǐmiàn kàn, kàndào bā, jiǔ gèrén, dōu shì yóurén. Tāmen yǐjīng chīwán le wǎnfàn, zhǔnbèi shàngchuáng shuìjiào.

Sūn Wùkōng xiǎng, tā kěyǐ tōu zǒu tāmen de yīfú, zhèyàng tā hé lìngwài sān wèi yóurén jiù kěyǐ kàn qǐlái xiàng pǔtōng yóurén yíyàng. Dàn jiù zài tā zhèyàng xiǎng de shíhòu, Wáng xiānshēng shuō, "Xiānshēngmen, qǐng xiǎoxīn. Zhège chéngshì lǐ yǒu xiǎotōu. Qǐng zhàogù nǐmen de yīfú hé xínglǐ."

方。他们坐在地上。孙悟空说，"猪和沙，你们照顾师父。我去城里看看。"

他跳到空中，飞到城市的上空。往下看，他看到了一座明亮繁荣的城市。这时已近晚上，月亮从东边上来。人们正在结束他们的工作，回到他们自己的家。孙悟空不想被人看到，所以他变成了一只飞蛾[2]。他在城市中飞着，看着街道和商店。他看到一家大酒店，上面写着"游人休息所。"在这下面又写着商店主人的名字，王先生。他往里面看，看到八、九个人，都是游人。他们已经吃完了晚饭，准备上床睡觉。

孙悟空想，他可以偷走他们的衣服，这样他和另外三位游人就可以看起来像普通游人一样。但就在他这样想的时候，王先生说，"先生们，请小心。这个城市里有小偷。请照顾你们的衣服和行李。"

---

[2] 飞蛾　　fēi é – moth

Wáng xiānshēng shǒu lǐ názhe yígè dēnglóng.

Yóurénmen bǎ yīfú hé xínglǐ dōu ná gěi le Wáng xiānshēng. Tā bǎ suǒyǒu de xínglǐ hé dēnglóng dōu bān jìn le zìjǐ de fángjiān. Ránhòu tā guānshàng le mén.

Sūn Wùkōng fēi jìn le dēnglóng de huǒyàn zhōng, bǎ dēnghuǒ miè le. Ránhòu tā biànchéng le yì zhī lǎoshǔ. Tā zhuāqǐ yīfú, bǎ tāmen tuō dào wàimiàn. Wáng fūrén kàn dào le zhè. Tā jiào lái le tā de zhàngfu, shuō, "Lǎotóuzi, zhè tài kěpà le. Yì zhī lǎoshǔ biànchéng le yígè jīng, ná zǒu le wǒmen kèrén de yīfú!"

Sūn Wùkōng biàn huí le tā zìjǐ de yàngzi. Tā hǎn dào, "Wáng xiānshēng, búyào tīng nǐ qīzi de huà. Wǒ búshì lǎoshǔ, yě búshì jīng. Wǒ shì Qí Tiān Dà Shèng. Zài Tángsēng qù xītiān de lùshàng, wǒ bǎohù tā. Wǒ bìxū jiè zhèxiē yīfú lái bǎohù wǒ de shīfu bú shòudào nǐmen xié'è de guówáng de shānghài. Wǒ yǐhòu huì bǎ tāmen huán gěi nǐ de."

Sūn Wùkōng huí dào Tángsēng shēnbiān, duì tā shuō, "Shīfu, wǒ kàn le zhège chéngshì, xuéhuì le zhège dìfāng de huà. Guówáng shì yí

王先生手里拿着一个灯笼。游人们把衣服和行李都拿给了王先生。他把所有的行李和灯笼都搬进了自己的房间。然后他关上了门。

孙悟空飞进了灯笼的火焰中，把灯火灭了。然后他变成了一只老鼠。他抓起衣服，把它们拖到外面。王夫人看到了这。她叫来了她的丈夫，说，"老头子[3]，这太可怕了。一只老鼠变成了一个精，拿走了我们客人的衣服！"

孙悟空变回了他自己的样子。他喊道，"王先生，不要听你妻子的话。我不是老鼠，也不是精。我是齐天大圣。在唐僧去西天的路上，我保护他。我必须借这些衣服来保护我的师父不受到你们邪恶的国王的伤害。我以后会把它们还给你的。"

孙悟空回到唐僧身边，对他说，"师父，我看了这个城市，学会了这个地方的话。国王是一

---

[3] 老头子 lǎotóuzi – old man

gè shā sǐ héshang de èrén. Dàn tā yěshì yígè zhēn tiānzǐ. Tā de chéngshì xìngfú fánróng. Wǒ jiè le zhèxiē yīfú. Wǒmen jiāng chuān shàng tāmen jìnrù chéngshì. Màozi huì zhē zhù wǒmen de guāngtóu. Wǒmen zhù zài jiǔdiàn lǐ. Míngtiān zǎoshàng, wǒmen jiāng zǒuchū dàmén, yánzhe dà lù xiàng xī zǒu. Rúguǒ yǒurén xiǎng yào zǔzhǐ wǒmen, wǒmen huì gàosù tāmen, wǒmen shì Táng huángdì sòng lái de. Táng dìguó bèi rènwéi shì yígè hěn qiángdà de dìguó. Zhè wèi guówáng bù gǎn zǔzhǐ wǒmen de."

Qítā rén dōu rènwéi zhè shì yígè hǎo jìhuà. Tángsēng tuō xià sēngyī, chuān shàng jiè lái de yīfú, dài shàng màozi. Shā yě huàn le yīfú. Zhū yě shì le yīfú, dàn tā de tóu tài dà le, dài bú shàng màozi. Sūn Wùkōng zhǐhǎo bǎ liǎng dǐng màozi féng zài yìqǐ, cái zuò chéng yì dǐng fēicháng dà de màozi. Zuìhòu, tāmen dōu chuān shàng le jiè lái de yīfú.

个杀死和尚的恶人。但他也是一个真天子[4]。他的城市幸福繁荣。我借了这些衣服。我们将穿上它们进入城市。帽子会遮住我们的光头[5]。我们住在酒店里。明天早上，我们将走出大门，沿着大路向西走。如果有人想要阻止我们，我们会告诉他们，我们是唐皇帝送来的。唐帝国被认为是一个很强大的帝国。这位国王不敢阻止我们的。"

其他人都认为这是一个好计划。唐僧脱下僧衣，穿上借来的衣服，戴上帽子。沙也换了衣服。猪也试了衣服，但他的头太大了，戴不上帽子。孙悟空只好把两顶帽子缝在一起，才做成一顶非常大的帽子。最后，他们都穿上了借来的衣服。

---

[4] The concept of "Mandate of Heaven" (天降大任, tiān jiàng dàrèn) originated in the Zhou Dynasty, where it was used to justify their deposing of the decadent and corrupt Shang Dynasty in 1046 BC. The Zhou claimed that heaven gives its blessing to the rulers who are most fit to rule. Later rulers such as the Tang Emperor Taizong embraced this and used the title "Son of Heaven" (天子, tiānzǐ) to solidify their hold on power.

[5] 光头　　guāngtóu – bald head

"Hǎo le," tā shuō. "Wǒmen xiànzài bìxū zǒu le. Dànshì, wǒmen zài zhèlǐ de shíhòu, búyào jiào 'shīfu' huò 'túdì.' Wǒmen hùxiāng jiào xiōngdì. Shīfu, nǐ shì Táng Lǎodà. Wǒ shì Sūn Èr. Zhū, nǐ shì Zhū Sān. Shā, nǐ shì Shā Sì. Wǒmen dào jiǔdiàn shí, ràng wǒ yígè rén shuōhuà. Wǒ huì shuō wǒmen shì mài mǎ de rén. Wǒ huì shuō zhè báimǎ shì yàngpǐn, wǒmen hái yǒu gèng duō de mǎ."

Sì gè yóurén jìn le chéng. Tāmen zǒuxiàng jiǔdiàn. Tāmen tīngdào le hǎnjiào shēng. Rénmen dà hǎn, "Wǒ de yīfú bújiàn le!" "Wǒ de màozi zài nǎlǐ?" Yóurén bìkāi le nà jiā jiǔdiàn, qù le lìng yìjiā yuǎn yídiǎn de jiǔdiàn.

Zhè jiā jiǔdiàn ménkǒu yǒu yígè dēnglóng, zhè jiùshì shuō zhè jiǔdiàn réngrán kāizhe. Tāmen jìnqù le. Jiǔdiàn lǎobǎn shì yígè nǚrén, tā ràng tāmen jìnqù. Yígè rén qiān zǒu le mǎ. Tāmen shàng le lóu, zài yì zhāng zhuōzi páng zuò xià.

Jiǔdiàn lǎobǎn wèn, "Jǐ wèi xiānshēng cóng nǎlǐ lái?"

Sūn Wùkōng huídá shuō, "Wǒmen láizì běifāng. Wǒmen yǒu yìbǎi

"好了，"他说。"我们现在必须走了。但是，我们在这里的时候，不要叫'师父'或'徒弟。'我们互相叫兄弟。师父，你是<u>唐老大</u>。我是<u>孙二</u>。<u>猪</u>，你是<u>猪三</u>。<u>沙</u>，你是<u>沙四</u>。我们到酒店时，让我一个人说话。我会说我们是卖马的人。我会说这白马是样品[6]，我们还有更多的马。"

四个游人进了城。他们走向酒店。他们听到了喊叫声。人们大喊，"我的衣服不见了！""我的帽子在哪里？"游人避开了那家酒店，去了另一家远一点的酒店。

这家酒店门口有一个灯笼，这就是说这酒店仍然开着。他们进去了。酒店老板是一个女人，她让他们进去。一个人牵走了马。他们上了楼，在一张桌子旁坐下。

酒店老板问，"几位先生从哪里来？"

<u>孙悟空</u>回答说，"我们来自北方。我们有一百

---

[6] 样品　　yàngpǐn – a sample, a taste

pǐ kělián de mǎ yào mài."

Tā huídá shuō, "Nǐ lái duì dìfāng le. Wǒ xìng Zhào. Wǒ zhàngfu jǐ nián qián sǐ le, suǒyǐ zhège dìfāng jiào 'Zhào Guǎfù Jiǔdiàn.' Wǒmen yǒu yígè dà yuànzi, hěn róngyì fàngxià nǐmen suǒyǒu de mǎ. Wǒmen yǒu sān zhǒng bùtóng de fúwù jíbié. Qǐng gàosù wǒ, nǐmen xiǎng yào nǎge jíbié."

Sūn Wùkōng huídá shuō, "Qǐng jiěshì yíxià zhè sān gè bùtóng de jíbié."

"Rúguǒ xuǎnzé zuì hǎo de jíbié, nǐmen jiāng yǒu yígè měihǎo de yànhuì, yànhuì zhōng yǒu duō zhǒng shuǐguǒ hé xǔduō cài. Niánqīng fùrén huì lái nǐmen de zhuōzi shàng chànggē, rúguǒ nǐmen xūyào dehuà, tāmen kěyǐ hé nǐmen yìqǐ wán. Jiàqián shì měi rén wǔ gè yínbì."

"Zhè tīng qǐlái fēicháng hǎo. Zài wǒ de jiāxiāng, wǔ gè yìngbì hái qǐng búdào yí wèi xiǎojiě lái zhuōzi páng. Hé wǒ shuō shuō dì èr jíbié ba."

匹可怜的马要卖。"

她回答说,"你来对地方了。我姓赵。我丈夫几年前死了,所以这个地方叫'赵寡妇酒店。'我们有一个大院子,很容易放下你们所有的马。我们有三种不同的服务[7]级别。请告诉我,你们想要哪个级别。"

孙悟空回答说,"请解释一下这三个不同的级别。"

"如果选择最好的级别,你们将有一个美好的宴会,宴会中有多种水果和许多菜。年轻妇人会来你们的桌子上唱歌,如果你们需要的话,她们可以和你们一起玩。价钱是每人五个银币。"

"这听起来非常好。在我的家乡[8],五个硬币还请不到一位小姐来桌子旁。和我说说第二级别吧。"

---

[7] 服务　fúwù – service
[8] 家乡　jiāxiāng – home town

"Wǒmen de dì èr jíbié shì, nǐmen dōu chī xiāngtóng de cài. Wǒmen gěi nǐmen shuǐguǒ hé jiǔ. Méiyǒu niánqīng fùrén. Jiàqián shì měi rén liǎng gè yínbì."

"Zhè tīng qǐlái yě búcuò. Nà dì sān jíbié ne?"

"Wǒ bù gǎn gàosù nǐ, yīnwèi nǐmen dōu shì zhème hǎo de xiānshēng."

"Qǐng gàosù wǒmen ba, zhè bú huì shānghài dào wǒmen de!"

"Hǎo ba. Zài wǒmen de dì sān jíbié zhōng, méiyǒu rén wèi nǐmen fúwù. Wǒmen gěi nǐmen yí dà guō mǐfàn, nǐmen kěyǐ yìqǐ chī. Wǒmen gěi nǐmen yìxiē cǎo, nǐmen kěyǐ bǎ tā fàng zài dìshàng, zài shàngmiàn shuìjiào. Nǐmen zǎoshàng gěi wǒmen jǐ gè tóngbì, duōshǎo dōu kěyǐ."

Zhū shuō, "Wǒ juédé dì sān jíbié tīng qǐlái bú cuò. Ná yí dà guō mǐfàn lái, wǒ è le."

Dàn Sūn Wùkōng shuō, "Bù. Wǒmen yǒu yínbì. Jiǔdiàn lǎobǎn, gěi wǒmen zuì hǎo jíbié de fúwù."

Jiǔdiàn lǎobǎn hěn gāoxìng. Tā duì tā de gōngrén hǎn dào, "Pào diǎn

"我们的第二级别是,你们都吃相同的菜。我们给你们水果和酒。没有年轻妇人。价钱是每人两个银币。"

"这听起来也不错。那第三级别呢?"

"我不敢告诉你,因为你们都是这么好的先生。"

"请告诉我们吧,这不会伤害到我们的!"

"好吧。在我们的第三级别中,没有人为你们服务。我们给你们一大锅米饭,你们可以一起吃。我们给你们一些草,你们可以把它放在地上,在上面睡觉。你们早上给我们几个铜币,多少都可以。"

猪说,"我觉得第三级别听起来不错。拿一大锅米饭来,我饿了。"

但孙悟空说,"不。我们有银币。酒店老板,给我们最好级别的服务。"

酒店老板很高兴。她对她的工人喊道,"泡点

hǎo chá. Gàosù chúfáng zuò hǎo zhǔnbèi. Shā yìxiē jī hé é." Tā tíng le yíxià, ránhòu yòu shuō, "Lìngwài, shā yìtóu zhū hé yì zhī yáng. Zài ná yìxiē hǎo jiǔ."

Tángsēng duì zhǔnbèi zhèxiē ròu hěn bù gāoxìng. Sūn Wùkōng yìbiān tī jiǎo yìbiān shuō, "Zhào fūrén, qǐng guòlái." Tā děngdào tā guòlái. Tā gàosù tā, "Qǐng búyào shā sǐ rènhé shēngwù. Wǒmen jīntiān dōu chī sùshí."

"Shénme, nǐmen dōushì chīsù de ma?"

"Wǒmen zài zuò Gēngshēn Zhāi. Jīntiān shì Gēngshēn rì, suǒyǐ wǒmen yídìng yào chī sù. Míngtiān shì Xīnyǒu, wǒmen jiù kěyǐ chī ròu le. Suǒyǐ, qǐng jīntiān wǎnshàng wèi wǒmen zhǔnbèi yìxiē sùshí. Wǒmen huì fù gěi nǐ xiāngtóng de jiàqián."

Zhè ràng jiǔdiàn lǎobǎn fēicháng gāoxìng, yīnwèi sùshí yuǎn méiyǒu ròu nàme guì. Sūn Wùkōng jìxù shuō, "Wǒmen yě huì hē diǎn jiǔ, dàn Táng gē bù hējiǔ. Qǐng búyào sòng rènhé nǚhái gěi wǒmen. Jīntiān

好茶。告诉厨房做好准备。杀一些鸡和鹅。"她停了一下,然后又说,"另外,杀一头猪和一只羊。再拿一些好酒。"

唐僧对准备这些肉很不高兴。孙悟空一边踢脚一边说,"赵夫人,请过来。"他等到她过来。他告诉她,"请不要杀死任何生物。我们今天都吃素食。"

"什么,你们都是吃素的吗?"

"我们在做庚申斋[9]。今天是庚申日,所以我们一定要吃素。明天是辛酉,我们就可以吃肉了。所以,请今天晚上为我们准备一些素食。我们会付给你相同的价钱。"

这让酒店老板非常高兴,因为素食远没有肉那么贵。孙悟空继续说,"我们也会喝点酒,但唐哥不喝酒。请不要送任何女孩给我们。今天

---

[9] The traditional Chinese calendar uses a sixty day cycle. The 57th day of the cycle is 庚申 (Gēngshēn), the Metal Monkey. The 58th day is 辛酉 (Xīnyǒu), the Metal Rooster. There is also a sixty year cycle, with Gēngshēn and Xīnyǒu being the 57th and 58th years.

shì Gēngshēn rì, suǒyǐ wǒmen yào bì kāi hé nǚháimen yìqǐ wán. Dàn wǒmen míngtiān yídìng huì yào zhèxiē nǚhái."

Jiǔdiàn lǎobǎn líkāi qù bāngmáng zhǔnbèi sùshí, hái qù gàosù nǚháimen búyào shàng lóu. Sì wèi yóurén chī wán le fàn. Jiǔdiàn gōngrén ná zǒu le pánzi.

Tángsēng duì Sūn Wùkōng shuō, "Wǒmen shuì zài nǎlǐ? Lóu shàng tài wéixiǎn le. Rúguǒ yǒurén jìnlái, kàndào wǒmen de guāngtóu, wǒmen jiù huì bèi kùn zài nàlǐ."

"Shì a," tā huídá shuō. Tā tīzhe jiǎo, zàicì jiào lái le jiǔdiàn lǎobǎn. Tā dào le hòu, tā gàosù tā, "Fūrén, wǒ dānxīn wǒmen méiyǒu dìfāng shuìjiào. Wǒ de liǎng gè xiōngdì yǒudiǎn bù shūfú, tāmen bùnéng shuì zài lóu shàng de fángjiān lǐ, yīnwèi nà lǐ yǒu fēng. Rúguǒ fángjiān lǐ yǒu guāng, wǒ hé wǒ de gēge jiù shuì bùzháo."

Jiǔdiàn lǎobǎn líkāi qù gàosù tā de nǚ'ér, "Wǒmen yǒu yígè wèntí. Jīntiān wǎnshàng lái le sì wèi yǒu qián de mài mǎ rén. Tāmen xiǎng yào zuì hǎo jíbié de fúwù, wǒ xīwàng cóng tāmen nàlǐ zhuàn diǎn

是庚申日,所以我们要避开和女孩们一起玩。但我们明天一定会要这些女孩。"

酒店老板离开去帮忙准备素食,还去告诉女孩们不要上楼。四位游人吃完了饭。酒店工人拿走了盘子。

唐僧对孙悟空说,"我们睡在哪里?楼上太危险了。如果有人进来,看到我们的光头,我们就会被困在那里。"

"是啊,"他回答说。他踢着脚,再次叫来了酒店老板。她到了后,他告诉她,"夫人,我担心我们没有地方睡觉。我的两个兄弟有点不舒服,他们不能睡在楼上的房间里,因为那里有风。如果房间里有光,我和我的哥哥就睡不着。"

酒店老板离开去告诉她的女儿,"我们有一个问题。今天晚上来了四位有钱的卖马人。他们想要最好级别的服务,我希望从他们那里赚[10]点

---

[10] 赚　zhuàn – to earn

qián. Dàn tāmen bùxiǎng shuì zài jiǔdiàn lǐ, yīnwèi fángjiān lǐ yǒu fēng hé guāng. Wǒ kěnéng zhǐ néng ràng tāmen líkāi. Rúguǒ wǒ zhèyàng zuò, wǒmen jiāng ná bú dào tāmen yào fù gěi wǒmen de qián."

Nǚ'ér huídá shuō, "Mǔqīn, bié dānxīn. Fùqīn huózhe de shíhòu, tā zuò le yígè dà mùxiāng. Tā kuān sì chǐ, cháng qī chǐ, gāo sān chǐ. Tā zúgòu dà, kěyǐ shuì jǐ gè rén. Dāng xiāng zi guānshàng shí, méiyǒu fēng, yě méiyǒu guāng. Zhènghǎo gěi wǒmen de kèrén yòng."

Zhè ràng jiǔdiàn lǎobǎn fēicháng gāoxìng. Tā bǎ xiāngzi de shìqing gàosù le Sūn Wùkōng, tā tóngyì yòng nà xiāngzi. Yìxiē gōngrén tái chū xiāngzi, dǎkāi gàizi. Sì wèi yóurén jìn le xiāngzi. Tāmen ràng jiǔdiàn lǎobǎn bǎ báimǎ jì zài xiāngzi pángbiān. Ránhòu tāmen ràng tā guānshàng xiāngzi, suǒ shàng tā, zài rènhé kěnéng jìn guāng de dìfāng fàng shàng zhǐ.

"Nǐmen hěn qíguài," tā shuō, dàn tā zhào tāmen de yāoqiú zuò le. Ránhòu měi gè rén dōu qù shuìjiào le.

Yèlǐ, yóurénmen dōu fēicháng bù shūfú. Xiāngzi lǐ tài rè, méiyǒu fēng, měi gè rén dōu āi dé tài jìn le. Tāmen dōu shìzhe rù

钱。但他们不想睡在酒店里，因为房间里有风和光。我可能只能让他们离开。如果我这样做，我们将拿不到他们要付给我们的钱。"

女儿回答说，"母亲，别担心。父亲活着的时候，他做了一个大木箱。它宽四尺，长七尺，高三尺。它足够大，可以睡几个人。当箱子关上时，没有风，也没有光。正好给我们的客人用。"

这让酒店老板非常高兴。她把箱子的事情告诉了孙悟空，他同意用那箱子。一些工人抬出箱子，打开盖子。四位游人进了箱子。他们让酒店老板把白马系在箱子旁边。然后他们让她关上箱子，锁上它，在任何可能进光的地方放上纸。

"你们很奇怪，"她说，但她照他们的要求做了。然后每个人都去睡觉了。

夜里，游人们都非常不舒服。箱子里太热，没有风，每个人都挨得太近了。他们都试着入

shuì.

Sūn Wùkōng xiǎng zhǎo xiē máfan. Tā niē Zhū de tuǐ bǎ tā jiào xǐng. Tā dàshēng shuō, "Xiōngdì, wǒmen shàngzhōu mài diào de nàxiē mǎ, huàn le sānqiān gè yínbì. Lìngwài, wǒmen de dàizi lǐ yǒu sìqiān gè yínbì, míngtiān wǒmen jiāng mài diào suǒyǒu de mǎ, zhìshǎo néng huàn sānqiān yínbì. Zhè hái búcuò ba, ń?"

Zài xiāngzi wàimiàn, jǐ míng jiǔdiàn gōngrén zhèng tīngzhe. Tāmen hé dìfāng shàng de qiángdào yǒu gōujié. Tīngdào zhè huà shí, tāmen zhōng de yìxiē rén pǎo qù gàosù qiángdào, tāmen de jiǔdiàn lǐ lái le hěn yǒu qián de kèrén. Èrshí gè qiángdào lái dào jiǔdiàn. Zhào guǎfù hé tā de nǚ'ér kàndào tāmen dào lái. Tāmen hěn hàipà, suǒyǐ tāmen bǎ zìjǐ suǒ zài tāmen de fángjiān lǐ.

Qiángdàomen kàn le sìzhōu. Tāmen méiyǒu kàndào rènhé yóurén, dàn tāmen kàndào le suǒzhe de dà xiāngzi. Shǒulǐng shuō, "Zhège xiāngzi lǐ kěnéng zhuāng mǎn le qián, sīchóu hé zhūbǎo. Wǒmen bǎ tā dài dào chéng wài. Dǎkāi tā, ná zǒu suǒyǒu de dōngxi." Jǐ gè

睡。

孙悟空想找些麻烦。他捏[11]猪的腿把他叫醒。他大声说，"兄弟，我们上周卖掉的那些马，换了三千个银币。另外，我们的袋子里有四千个银币，明天我们将卖掉所有的马，至少能换三千银币。这还不错吧，嗯？"

在箱子外面，几名酒店工人正听着。他们和地方上的强盗有勾结[12]。听到这话时，他们中的一些人跑去告诉强盗，他们的酒店里来了很有钱的客人。二十个强盗来到酒店。赵寡妇和她的女儿看到他们到来。她们很害怕，所以她们把自己锁在她们的房间里。

强盗们看了四周。他们没有看到任何游人，但他们看到了锁着的大箱子。首领说，"这个箱子里可能装满了钱、丝绸和珠宝。我们把它带到城外。打开它，拿走所有的东西。"几个

---

11 捏　　niē – to pinch
12 勾结　gōujié – to collude with, in cahoots with

qiángzhuàng de qiángdào tái qǐ xiāngzi, bǎ tā tái zǒu le. Qítā yìxiē qiángdào qiān zǒu le báimǎ.

Zài xiāngzi lǐ, yóurénmen dōu xǐng le. Tāmen zhīdào xiāngzi zài dòng, dàn tāmen bù zhīdào fāshēng le shénme. Sūn Wùkōng shuō, "Qiángdào zài táizhe wǒmen. Bǎochí ānjìng. Tāmen kěnéng huì bǎ wǒmen yìzhí dài dào xītiān, zhèyàng wǒmen jiù búyòng zǒulù le."

Dàn qiángdàomen xiàng dōng zǒu. Tāmen zài chéng mén chù shā sǐ le yìxiē shǒuwèi, táolí le chéngshì. Rénmen kàn dào le zhè, bǎ tā bàogào gěi le jūnduì de zhǐhuī guān. Yí dàqún shìbīng chōng chū chéng wài, xiǎng yào zhuā zhù qiángdào. Qiángdàomen kàndào tāmen lái le, diū xià xiāngzi, fàng kāi báimǎ, pǎo jìn le sēnlín.

Shìbīngmen bǎ xiāngzi tái huí chéng lǐ. Zhǐhuī guān kàndào le nà pǐ báimǎ. Tā kàndào le shénme?

> Yín sī zhǎng zài tā de zōng máo shàng
> yù xiàn zhǎng zài tā de wěibā shàng

强壮[13]的强盗抬起箱子,把它抬走了。其他一些强盗牵走了白马。

在箱子里,游人们都醒了。他们知道箱子在动,但他们不知道发生了什么。孙悟空说,"强盗在抬着我们。保持安静。他们可能会把我们一直带到西天,这样我们就不用走路了。"

但强盗们向东走。他们在城门处杀死了一些守卫,逃离了城市。人们看到了这,把它报告给了军队的指挥官。一大群士兵冲出城外,想要抓住强盗。强盗们看到他们来了,丢下箱子,放开白马,跑进了森林。

士兵们把箱子抬回城里。指挥官看到了那匹白马。他看到了什么?

> 银丝长在他的鬃毛[14]上
> 玉线长在他的尾巴上

---

[13] 强壮　qiángzhuàng – strong
[14] 鬃毛　zōng máo – mane

Tā de gǔtou kěyǐ dài lái yìqiān gè jīnbì

Tā néng pǎo sānqiān lǐ

Tā páshān jiàn lǜ yún

Tā xiàng xuě yíyàng bái, duìzhe yuèliang sīmíng

Tā zhēnshì láizì hǎi de lóng

Rénjiān de yù qílín

Zhǐhuī guān qízhe báimǎ huí dào le guówáng de gōngdiàn. Shìbīngmen bǎ xiāngzi tái jìn le gōngdiàn. Tāmen bǎ xiāngzi fàng zài nàlǐ, zhèyàng guówáng zài zǎoshàng jiù kěyǐ jiǎnchá xiāngzi le.

Yèlǐ, Sūn Wùkōng yòng tā de mófǎ zài xiāngzi dǐbù zuān le yígè xiǎo dòng. Tā biànchéng le yì zhī xiǎo xīshuài. Tā pá le chūlái, biàn huí dào le tā zìjǐ de yàngzi. Xiànzài shì shíhòu qù wán yìxiē hǎowán de mófǎ le!

Tā bǎ yòu bì shàng suǒyǒu de máo dōu bá le xiàlái, chuī le chuī, xiǎo

他的骨头可以带来一千个金币

他能跑三千里

他爬山见绿云

他像雪一样白,对着月亮嘶鸣[15]

他真是来自海的龙

人间的玉麒麟[16]

指挥官骑着白马回到了国王的宫殿。士兵们把箱子抬进了宫殿。他们把箱子放在那里,这样国王在早上就可以检查箱子了。

夜里,孙悟空用他的魔法在箱子底部钻了一个小洞。他变成了一只小蟋蟀。他爬了出来,变回到了他自己的样子。现在是时候去玩一些好玩的魔法了!

他把右臂上所有的毛都拔了下来,吹了吹,小

---

[15] 嘶鸣　sīmíng – to neigh
[16] 麒麟　qílín – kirin, a benevolent horned beast in Chinese mythology. Males are 麒 (qí), females are 麟 (lín). They are peaceful, bearded, with a dragon-like appearance and a jewel-like brilliance. In Buddhist tradition, kirins walk on clouds to avoid harming even a single blade of grass.

shēng shuō, "Biàn!" Měi yì gēn máo dōu biàn chéng le yì zhī xiǎo hóuzi. Tā bǎ zuǒ bì shàng suǒyǒu de máo dōu bá le xiàlái, chuī le chuī, xiǎoshēng shuō, "Biàn!" Měi yì gēn máo dōu biàn chéng le yì zhī shuì chóng. Ránhòu tā zhuā qǐ tā de jīn gū bàng, niē le niē, xiǎoshēng shuō, "Biàn!" Bàng suì le, biànchéng le yìqiān bǎ xiǎo tìdāo.

Tā gěi měi zhī xiǎo hóuzi yì zhī shuì chóng hé yì bǎ tìdāo. Tā gàosù tāmen qù gōngdiàn hé zhèngfǔ bàngōngshì zhǎodào měi gè rén. Tā gàosù tāmen gěi měi gè tāmen yù dào de rén yì zhī shuì chóng, děng tāmen shuìzháo hòu, yòng tìdāo tì tāmen de tóu.

Jǐ gè xiǎoshí hòu, gōngzuò wánchéng le. Sūn Wùkōng yáo le yáo shēntǐ, bǎ suǒyǒu de máo dōu ná huí dào le tā de shǒubì shàng. Tā bǎ tìdāo fàng zài yìqǐ, biàn huí chéng le tā de jīn gū bàng. Tā bǎ bàng biàn xiǎo, fàng zài ěrduǒ lǐ. Ránhòu tā yòu biàn chéng le yì zhī xiǎo xīshuài, pá huí le xiāngzi.

Zǎoshàng, gōng lǐ hěn luàn. Gōng lǐ de nǚrénmen xǐng lái hòu qù xǐ tóu, fāxiàn tāmen dōu shì guāngtóu. Nánrénmen fāxiàn tāmen yěshì guāngtóu. Wánghòu xǐng hòu, zài yù chuáng shàng kàn tā de shēnbiān, kàndào

声说，"变！"每一根毛都变成了一只小猴子。他把左臂上所有的毛都拔了下来，吹了吹，小声说，"变！"每一根毛都变成了一只睡虫。然后他抓起他的金箍棒，捏了捏，小声说，"变！"棒碎了，变成了一千把小剃刀[17]。

他给每只小猴子一只睡虫和一把剃刀。他告诉他们去宫殿和政府[18]办公室找到每个人。他告诉他们给每个他们遇到的人一只睡虫，等他们睡着后，用剃刀剃他们的头。

几个小时后，工作完成了。孙悟空摇了摇身体，把所有的毛都拿回到了他的手臂上。他把剃刀放在一起，变回成了他的金箍棒。他把棒变小，放在耳朵里。然后他又变成了一只小蟋蟀，爬回了箱子。

早上，宫里很乱。宫里的女人们醒来后去洗头，发现她们都是光头。男人们发现他们也是光头。王后醒后，在御床上看她的身边，看到

---

[17] 剃刀　tìdāo – razor
[18] 政府　zhèngfǔ – government

yígè héshang shuì zài nàlǐ. Tā dàshēng hǎn le qǐlái.

Héshang zuò qǐlái, tā kàndào shì guówáng, wánquán méiyǒu le tóufà. Tā kànzhe tā shuō, "Wǒ de wánghòu, nǐ wèishénme shì guāngtóu?" "Bìxià, nǐ yě yíyàng," tā huídá shuō.

Guówáng kànzhe tā, kū le. Tā duì tā shuō, "Zhè yídìng shì yīnwèi nàxiē bèi zhèn shā le de héshang."

一个和尚睡在那里。她大声喊了起来。和尚坐起来,她看到是国王,完全没有了头发。他看着她说,"我的王后,你为什么是光头?""陛下,你也一样,"她回答说。

国王看着她,哭了。他对她说,"这一定是因为那些被朕杀了的和尚。"

Dì 85 Zhāng

Nàtiān zǎoshàng wǎn xiē shíhòu, guówáng jiàn le tā suǒyǒu de dàchén. Dàchénmen shuō, "Bìxià, wǒmen bù zhīdào wèishénme, dàn zuó wǎn nǐ suǒyǒu de púrén dōu diào le tóufà." Dàchénmen hé guówáng dōu tóngyì, tāmen zài yě bù gǎn shā rènhé héshang le.

Ránhòu, jūnduì de zhǐhuī guān zǒu jìn guówáng shuō, "Bìxià, zuó wǎn wǒmen cóng qiángdào nàlǐ nádào le yígè dà mù xiāng hé yì pǐ báimǎ. Wǒmen qǐng bìxià juédìng gāi zěnme zuò."

"Bǎ tā dài dào zhèlǐ lái," guówáng huídá shuō. Jǐ míng shìbīng tái qǐ hěn zhòng de xiāngzi, bǎ tā tái jìn le bǎozuò fángjiān.

Xiāngzi lǐ, Tángsēng fēicháng dānxīn. "Wǒmen yào duì guówáng shuō xiē shénme?" tā wèn.

"Bié dānxīn le," Sūn Wùkōng huídá. "Wǒ yǐjīng kòngzhì le yíqiè. Dāng xiāngzi dǎkāi shí, guówáng huì xiàng wǒmen jūgōng. Wǒ zhǐshì xīwàng Zhū néng bì shàng tā de zuǐ."

Tángsēng hái xiǎng shuō shénme zhīqián, shìbīng jiù bǎ xiāngzi fàng zài le bǎozuò fángjiān. Tāmen dǎkāi gàizi. Zhū tiào le chūlái, xià huài le

第85章

那天早上晚些时候,国王见了他所有的大臣。大臣们说,"陛下,我们不知道为什么,但昨晚你所有的仆人都掉了头发。"大臣们和国王都同意,他们再也不敢杀任何和尚了。

然后,军队的指挥官走近国王说,"陛下,昨晚我们从强盗那里拿到了一个大木箱和一匹白马。我们请陛下决定该怎么做。"

"把它带到这里来,"国王回答说。几名士兵抬起很重的箱子,把它抬进了宝座房间。

箱子里,唐僧非常担心。"我们要对国王说些什么?"他问。

"别担心了,"孙悟空回答。"我已经控制了一切。当箱子打开时,国王会向我们鞠躬。我只是希望猪能闭上他的嘴。"

唐僧还想说什么之前,士兵就把箱子放在了宝座房间。他们打开盖子。猪跳了出来,吓坏了

fángjiān lǐ de měi gè rén. Sūn Wùkōng jǐn gēnzhe pá le chūlái, tóngshí bāngzhù Tángsēng chūlái. Shā zuìhòu yígè pá le chūlái, názhe xínglǐ.

Sì wèi yóurén zhàn zài bǎozuò fángjiān lǐ, děngzhe. Guówáng cóng bǎozuò shàng zhàn le qǐlái, zǒu le jǐ bù, zhídào tā zhàn zài yóurén miànqián. Tā jūgōng wèn dào, "Xiānshēngmen, shì shénme bǎ nǐmen dài dào zhèlǐ lái de?"

Tángsēng huídá shuō, "Wǒ shì bèi Táng huángdì sòng qù Yìndù de Léiyīn Sì, bài huófó, bǎ shèng shū dài huí Táng dìguó."

"Nà nǐ wèishénme zài xiāngzi lǐ?"

"Wǒ zhīdào bìxià fāshì yào shā sǐ yí wàn míng fójiào héshang. Zhè jiùshì wèishénme wǒmen chuān chéng cūnmín de yàngzi, búshì héshang de yàngzi. Zuó wǎn wǒmen shuì zài xiāngzi lǐ, yīnwèi wǒmen hàipà qiángdào. Wǒmen hái zài lǐmiàn shí, xiāngzi jiù bèi qiángdào tōu zǒu le. Nǐmen de jūnduì zhǐhuī guān jiù le wǒmen. Xiànzài wǒ kàndào nǐ zūnguì de liǎn, yún yǐjīng xiāoshī, tàiyáng yǐjīng chūlái le. Wǒ xī

房间里的每个人。孙悟空紧跟着爬了出来,同时帮助唐僧出来。沙最后一个爬了出来,拿着行李。

四位游人站在宝座房间里,等着。国王从宝座上站了起来,走了几步,直到他站在游人面前。他鞠躬问道,"先生们,是什么把你们带到这里来的?"

唐僧回答说,"我是被唐皇帝送去印度的雷音寺,拜活佛,把圣书带回唐帝国。"

"那你为什么在箱子里?"

"我知道陛下发誓要杀死一万名佛教和尚。这就是为什么我们穿成村民[19]的样子,不是和尚的样子。昨晚我们睡在箱子里,因为我们害怕强盗。我们还在里面时,箱子就被强盗偷走了。你们的军队指挥官救了我们。现在我看到你尊贵[20]的脸,云已经消失,太阳已经出来了。我希

---

[19] 村民　cūnmín – villager
[20] 尊贵　zūnguì – noble

wàng nǐ néng ràng wǒ jìxù wǒ de lǚtú. Wǒ de gǎnjī xīnqíng huì xiàng hǎi yíyàng shēn."

"Zūnjìng de dàshī, zhè shì zhēn de cuò méiyǒu huānyíng nǐ lái zhèn de wángguó. Hěnjiǔ yǐqián, yìxiē héshang shuō le yìxiē guānyú zhèn de kěpà de shìqing. Zài fènnù zhōng, zhèn fāshì yào shā sǐ yí wàn héshang. Wǒmen cónglái méiyǒu xiǎngguò wǒmen yě huì chéngwéi héshang! Zhèn qiú nǐ, zūnjìng de dàshī, qǐng ràng wǒmen zuò nǐ de túdì."

Zhū dà xiào qǐlái. "Rúguǒ nǐmen yào chéngwéi wǒmen de túdì, nǐmen yǒu shénme lǐwù gěi wǒmen?"

Guówáng huídá shuō, "Dàshī, rúguǒ nǐ jiēshòu wǒmen zuò nǐ de túdì, zhèn wángguó de yíqiè dōu shì nǐ de."

Sūn Wùkōng shuō, "Wǒmen shì héshang, wǒmen duì nǐmen de cáifù méiyǒu xìngqù. Qǐng qiānshǔ wǒmen de tōngguān wénshū, ràng wǒmen ānquán líkāi nǐ de chéngshì. Nǐ de wángguó jiāng cháng zài, nǐ jiāng yǒu hěn cháng, hěn xìngfú de shēnghuó."

Guówáng mǎshàng tóngyì le. Ránhòu tā yào yóurén gǎi tā de guó jiā de

望你能让我继续我的旅途。我的感激[21]心情会像海一样深。"

"尊敬的大师,这是朕的错没有欢迎你来朕的王国。很久以前,一些和尚说了一些关于朕的可怕的事情。在愤怒中,朕发誓要杀死一万和尚。我们从来没有想过我们也会成为和尚!朕求你,尊敬的大师,请让我们做你的徒弟。"

猪大笑起来。"如果你们要成为我们的徒弟,你们有什么礼物给我们?"

国王回答说,"大师,如果你接受我们做你的徒弟,朕王国的一切都是你的。"

孙悟空说,"我们是和尚,我们对你们的财富没有兴趣。请签署我们的通关文书,让我们安全离开你的城市。你的王国将长在,你将有很长、很幸福的生活。"

国王马上同意了。然后他要游人改他的国家的

---

[21] 感激　gǎnjī – gratitude

míngzì. Sūn Wùkōng shuō, "'Fǎ Wángguó' zhège míngzì hěn hǎo, 'Miè' zhège zì cái shì wèntí. Rúguǒ nǐ bǎ nǐ de wángguó de míngzì gǎi chéng 'Qīn Fǎ Wángguó' nǐ jiāng yǒu

> Yì qiān nián qīng qīng de hǎishuǐ hé jìng jìng de dàhǎi
> Sìjì fēngyǔ tiáohé
> Wángguó de hépíng"

Guówáng gǎnxiè le sì wèi yóurén, gěi le tāmen yù mǎchē, ràng tāmen qiánwǎng Qīn Fǎ Wángguó de xībù biānjiè.

Dāng tāmen lái dào wángguó de xībù biānjiè shí, tāmen xià le mǎchē, jìxù tāmen de lǚtú. Sūn Wùkōng xiàng qítā rén jiěshì le tā qián yì tiān wǎnshàng shì zěnme yòng tā de mófǎ tì guāng suǒyǒu rén de tóu de. Dàjiā dōu xiào le.

Jiù zài zhè shí, tāmen kàndào lìng yízuò dàshān dǎngzhù le tāmen de qùlù. Tángsēng shuō, "Túdìmen, kàn kàn nà zuò gāo gāo de shān. Tā kàn qǐlái yǒudiǎn xié'è. Wǒ kāishǐ gǎndào yǒudiǎn hàipà."

名字。孙悟空说，"'法王国'这个名字很好，'灭'这个字才是问题。如果你把你的王国的名字改成'钦法王国'你将有

> 一千年清清的海水和静静的大海
> 四季风雨调和[22]
> 王国的和平"

国王感谢了四位游人，给了他们御马车，让他们前往钦法王国的西部边界。

当他们来到王国的西部边界时，他们下了马车，继续他们的旅途。孙悟空向其他人解释了他前一天晚上是怎么用他的魔法剃光所有人的头的。大家都笑了。

就在这时，他们看到另一座大山挡住了他们的去路。唐僧说，"徒弟们，看看那座高高的山。它看起来有点邪恶。我开始感到有点害怕。"

---

[22] 调和　　tiáohé – proper, harmony

Sūn Wùkōng huídá shuō, "Shīfu, nǐ wàng le Chánshī gěi nǐ de Xīnjīng le ma? Jì zhù Xīnjīng zhōng de zhèxiē huà,

> Búyào zǒu tài yuǎn qù qiú Língshān de fó
> Língshān huó zài nǐ xīnlǐ
> Měi gè rén xīnlǐ dōu yǒu yígè Língshān shénshè
> Zài zhè shénshè lǐ, nǐ huì bèi gǎibiàn

Dāng xīn chúnjié shí, tā xiàng dēnglóng yíyàng míngliàng. Dāng xīn ānjìng shí, shìjiè jiù kàn dé qīng le. Dàn rúguǒ nǐ fàn le yígè cuòwù, nǐ yí wàn nián lǐ yě bú huì chénggōng. Nǐ qiángdà, Léi Yīn Shān jiù zài nǐ miànqián. Nǐ ràng zìjǐ hàipà, Léi Yīn Shān jiù hěn yuǎn. Suǒyǐ, wàngjì nǐ de hàipà, gēn wǒ lái ba."

Tángsēng tīngdào zhèxiē huà shí, gǎnjué hǎoduō le. Tāmen jìxù wǎng qián zǒu, dào le shānshàng. Táitóu wàng qù, tāmen kàndào le xǔduō yánsè, hái yǒu jìn shāndǐng de báiyún. Shānshàng zhǎng mǎn le qiān qiān wàn

孙悟空回答说,"师父,你忘了禅师给你的心经了吗[23]?记住心经中的这些话,

> 不要走太远去求灵山的佛
>
> 灵山活在你心里
>
> 每个人心里都有一个灵山神社
>
> 在这神社里,你会被改变

当心纯洁时,它像灯笼一样明亮。当心安静时,世界就看得清了。但如果你犯了一个错误,你一万年里也不会成功。你强大,雷音山就在你面前。你让自己害怕,雷音山就很远。所以,忘记你的害怕,跟我来吧。"

唐僧听到这些话时,感觉好多了。他们继续往前走,到了山上。抬头望去,他们看到了许多颜色,还有近山顶的白云。山上长满了千千万

---

[23] In Book 8, *The Hungry Pig*, the travelers met a Chan (Zen) Master. He gave Tangseng the Heart Sutra and said, "If you ever meet trouble, just say the words in this prayer, and no troubles will come to you." Interestingly, the Heart Sutra was originally written over three thousand years ago and was first translated from Sanskrit (or possibly Tibetan) into Chinese by Xuanzang, the monk who was the inspiration for Tangseng in this story.

wàn kē sōngshù hé yìxiē zhúlín. Yuǎn chù chuán lái huī láng, lǎohǔ, hé húsūn de jiào shēng, hái yǒu niǎo er zài shù shàng chànggē de shēngyīn. Ránhòu tāmen tīngdào le fēng de shēngyīn.

"Wǒ tīngdào le fēngshēng," Tángsēng hàipà de shuō.

"Dāngrán. Sìjì dōu yǒu fēng. Nǐ zěnme bèi zhège xià huài le?"

"Zhè zhèn fēng hěn qiáng." Tūrán, cóng dìmiàn shàng chūxiàn le yì tuán dà wù. Tàiyáng xiāoshī le, niǎo er tíngzhǐ le gēshēng, tāmen shénme yě kàn bùjiàn le.

"Wèishénme yǒu fēng de shíhòu hái huì yǒu wù?"

"Wǒ qù kàn kàn. Shīfu, qǐng cóng mǎshàng xiàlái."

Tángsēng xià le mǎ. Sūn Wùkōng tiào qǐlái. Shǒu zhē zài méi shàng, kàn xiàng sì gè fāngxiàng. Tā dītóu kàn, jiàn yígè yāoguài jīng zuò zài xuányá biān. Tā shēntǐ qiángzhuàng, cháng cháng de jiān yá, xiàng yù gōu yíyàng de dà bízi, jīnsè de yǎnjīng hé yínsè de húzi. Sān, sì shí gè xiǎo móguǐ zuò zài tā shēnbiān, zuò chéng yì zhíxiàn, zuǐ lǐ dōu chuīzhe wùqì.

Sūn Wùkōng xiàozhe duì zìjǐ shuō, "Ǹ, shīfu shì duì de, zhēn

万棵松树和一些竹林。远处传来灰狼、老虎、和猢狲的叫声,还有鸟儿在树上唱歌的声音。然后他们听到了风的声音。

"我听到了风声,"唐僧害怕地说。

"当然。四季都有风。你怎么被这个吓坏了?"

"这阵风很强。"突然,从地面上出现了一团大雾。太阳消失了,鸟儿停止了歌声,他们什么也看不见了。"为什么有风的时候还会有雾?"

"我去看看。师父,请从马上下来。"唐僧下了马。孙悟空跳起来。手遮在眉上,看向四个方向。他低头看,见一个妖怪精坐在悬崖边。他身体强壮,长长的尖牙,像玉钩一样的大鼻子,金色的眼睛和银色的胡子。三、四十个小魔鬼坐在他身边,坐成一直线,嘴里都吹着雾气。

孙悟空笑着对自己说,"嗯,师父是对的,真

shì yì gǔ xié fēng. Wǒ xiànzài kěyǐ shā sǐ zhège yāoguài, dàn zhè huì huǐ le wǒ de shēngyù. Wǒ huì ràng Zhū zuò zhè shì."

Tā huí dào Tángsēng miànqián shuō, "Shīfu, wǒ de yǎnjīng yìbān dōu hěn hǎo, dàn zhè cì wǒ cuò le. Méiyǒu yāoguài. Wù xiànzài yǐjīng xiāoshī le. Wǒ xiǎng tā shì láizì fùjìn de yígè cūnzhuāng, cūnmínmen zhèngzài zhēng mǐfàn."

Zhū tīngdào le zhè huà. Tā dāngrán è le. Tā xiǎoshēng duì Sūn Wùkōng shuō, "Nǐ chī le tāmen de shíwù le ma?"

Hóu zǐ huídá shuō, "Wǒ zhǐshì chī le yì diǎndiǎn. Duì wǒ lái shuō yán tài duō le."

"Wǒ búzàihū shíwù lǐ yǒu duōshǎo yán, bùguǎn zěnyàng wǒ huì chī de." Zhū zǒu shàng qián qùxiàng Tángsēng jūgōng dào, "Shīfu, gēge gāngcái gàosù wǒ, fùjìn cūnzi lǐ yǒurén gěi héshang shíwù. Ràng wǒ qù yào yìxiē shíwù."

Tángsēng tóngyì le. Zhū zhèng yào líkāi, Sūn Wùkōng duì tā shuō, "Xiōngdì, tāmen zhǐ gěi hǎokàn de héshang shíwù. Nǐ hěn chǒu." Suǒyǐ Zhū shuō le xiē mó yǔ, yáo le yíxià tā de shēntǐ. Tā biànchéng le yígè ǎi shòu héshang, názhe yì zhī mùyú,

是一股邪风。我现在可以杀死这个妖怪，但这会毁了我的声誉。我会让猪做这事。"

他回到唐僧面前说，"师父，我的眼睛一般都很好，但这次我错了。没有妖怪。雾现在已经消失了。我想它是来自附近的一个村庄，村民们正在蒸米饭。"

猪听到了这话。他当然饿了。他小声对孙悟空说，"你吃了他们的食物了吗？"

猴子回答说，"我只是吃了一点点。对我来说盐太多了。"

"我不在乎食物里有多少盐，不管怎样我会吃的。"猪走上前去向唐僧鞠躬道，"师父，哥哥刚才告诉我，附近村子里有人给和尚食物。让我去要一些食物。"

唐僧同意了。猪正要离开，孙悟空对他说，"兄弟，他们只给好看的和尚食物。你很丑。"所以猪说了些魔语，摇了一下他的身体。他变成了一个矮瘦和尚，拿着一只木鱼，

yòng xiǎo mù chuí qiāozhe tā. Tā bú huì niàn rènhé jīng wén, suǒyǐ tā zhǐshì yíbiàn yòu yíbiàn de shuō, "Ò, wěidà de rén."

Zhū zǒu le. Hěn kuài, tā zǒu jìn le yìqún xiǎo móguǐ zhōngjiān. Móguǐ zhuāzhù le tā. Zhū shuō, "Bié lā wǒ! Nǐmen kěyǐ ràng wǒ zài měi jiā chīfàn, yícì yìjiā."

Qízhōng yígè xiǎo móguǐ huídá shuō, "Ń, héshang, suǒyǐ nǐ xiǎng chīfàn? Dàn nǐ bù zhīdào, wǒmen xǐhuān chī héshang. Wǒmen zhuā héshang, bǎ tāmen dài huí jiā, zhēng le chī."

Zhū hěn hàipà, yě hěn shēngqì. Tā biàn huí le zìjǐ de yàngzi, kāishǐ xiàng xiǎo móguǐ huīdòng bàzi. Móguǐmen táopǎo le, chōng huí dào le lǎo móguǐ shēnbiān. "Dàwáng, bù hǎo le! Wǒmen zhuāzhù le yígè xiǎo héshang. Wǒmen dǎsuàn liú xià tā, yǐhòu zài chī tā. Dàn hòulái tā biànchéng le yígè dà zhū rén. Tā yòng bàzi dǎ wǒmen."

"Ràng wǒ qù kàn kàn," lǎo móguǐ shuō. Tā zǒu jìn kàn, jiàn dào Zhū shǒu lǐ názhe shénqí de Jiǔ Chǐ Bàzi. Lǎo móguǐ hǎn dào, "Nǐ cóng nǎlǐ lái? Nǐ jiào shénme míngzì? Gàosù wǒ, wǒ huì ràng nǐ huózhe."

用小木锤敲着它。他不会念任何经文，所以他只是一遍又一遍地说，"哦，伟大的人。"

猪走了。很快，他走进了一群小魔鬼中间。魔鬼抓住了他。猪说，"别拉我！你们可以让我在每家吃饭，一次一家。"

其中一个小魔鬼回答说，"嗯，和尚，所以你想吃饭？但你不知道，我们喜欢吃和尚。我们抓和尚，把他们带回家，蒸了吃。"

猪很害怕，也很生气。他变回了自己的样子，开始向小魔鬼挥动耙子。魔鬼们逃跑了，冲回到了老魔鬼身边。"大王，不好了！我们抓住了一个小和尚。我们打算留下他，以后再吃他。但后来他变成了一个大猪人。他用耙子打我们。"

"让我去看看，"老魔鬼说。他走近看，见到猪手里拿着神奇的九齿耙子。老魔鬼喊道，"你从哪里来？你叫什么名字？告诉我，我会让你活着。"

"Zěnme, nǐ bú rènshí wǒ?" Zhū huídá shuō.

"Wǒ yǐqián shì Tiān Péng Yuánshuài

Wǒ shì tiānhé shàng bā wàn shìbīng de zhǐhuī guān

Yǒu yìtiān wǒ zài tiāngōng lǐ xiūrǔ le měilì de Cháng'é

Ránhòu wǒ chī le Wángmǔ Niángniáng de mó mógū

Yùhuáng Dàdì dǎ le wǒ liǎng qiān chuí

Bǎ wǒ sòng dào le rénjiān

Wǒ chéng le xiàng nǐ yíyàng de xié'è yāoguài

Wǒ zài Gāo Cūn hé yígè cūnlǐ de nǚhái jié le hūn

Ránhòu wǒ yùdào le wǒ de Sūn Wùkōng gēge

Tā yòng tā de jīn gū bàng dǎbài le wǒ

Wǒ zhǐnéng jūgōng, xiàng fó fāshì

Xiànzài wǒ shì Táng héshang de kǔlì

Wǒ xìng Zhū

Wǒ de fó míng jiào Zhū Bājiè!"

Yāoguài hǎn dào, "Yuánlái nǐ shì Táng héshang de túdì. Wǒ tīngshuō tā de ròu hěn hǎo chī. Xiànzài shì shì wǒ de láng yá bàng!"

Yāoguài hé zhū kāishǐ dǎ le qǐlái.

"怎么，你不认识我？"猪回答说。

"我以前是天蓬元帅
我是天河上八万士兵的指挥官
有一天我在天宫里羞辱了美丽的嫦娥
然后我吃了王母娘娘的魔蘑菇
玉皇大帝打了我两千锤
把我送到了人间
我成了像你一样的邪恶妖怪
我在高村和一个村里的女孩结了婚
然后我遇到了我的孙悟空哥哥
他用他的金箍棒打败了我
我只能鞠躬，向佛发誓
现在我是唐和尚的苦力
我姓猪
我的佛名叫猪八戒！"

妖怪喊道，"原来你是唐和尚的徒弟。我听说他的肉很好吃。现在试试我的狼牙棒！"

妖怪和猪开始打了起来。

Zhū de bàzi xiàng páoxiāo de fēng
Láng yá bàng de jīdǎ xiàng cūdà fēikuài de yǔdiǎn
Zhū de bàzi xiàng yìtiáo dàhǎi lǐ de lóng
Yāoguài de láng yá bàng xiàng shuǐchí lǐ de shé
Tāmen de hǎn shēng ràng shānhé huàngdòng
Tāmen xiàhuài le dìyù lǐ suǒyǒu de shēngwù

Tāmen zhàndòu de shíhòu, Sūn Wùkōng xiàozhe duì Shā shuō, "Nà tóu zhū zhēn de hěn bèn. Wǒ gàosù tā nà lǐ yǒu chī de, suǒyǐ tā jiù qù zhǎo le. Tā xiànzài kěnéng yǐjīng yù dào le móguǐ. Hǎo ba, wǒ háishì qù kàn kàn tā zěnme yàng le."

Sūn Wùkōng kàndào Zhū hé yāoguài zài zhàndòu. Tā hǎn dào, "Zhū, bié jǐnzhāng. Lǎo hóuzi lái le!" Zhū hé Sūn Wùkōng yìqǐ hé yāoguài zhàndòu. Hěn kuài, yāoguài hé xiǎo móguǐ bèi dǎbài, táopǎo le.

Liǎng wèi túdì huí dào le Tángsēng nàlǐ. Zhū dǎ dé lèi le, tā quánshēn shì hàn, liúzhe bítì. "Nǐ zěnme le?" Tángsēng wèn. "Wǒ yǐwéi nǐ qù cūnlǐ yàofàn le."

猪的耙子像咆哮的风

狼牙棒的击打像粗大飞快的雨点

猪的耙子像一条大海里的龙

妖怪的狼牙棒像水池里的蛇

他们的喊声让山河晃动

他们吓坏了地狱里所有的生物

他们战斗的时候,孙悟空笑着对沙说,"那头猪真的很笨。我告诉他那里有吃的,所以他就去找了。他现在可能已经遇到了魔鬼。好吧,我还是去看看他怎么样了。"

孙悟空看到猪和妖怪在战斗。他喊道,"猪,别紧张。老猴子来了!"猪和孙悟空一起和妖怪战斗。很快,妖怪和小魔鬼被打败,逃跑了。

两位徒弟回到了唐僧那里。猪打得累了,他全身是汗,流着鼻涕[24]。"你怎么了?"唐僧问。"我以为你去村里要饭了。"

---

[24] 鼻涕　bítì – snot

"Gēge piàn le wǒ," Zhū shuō. "Tā gàosù wǒ, yǒu yígè cūnzhuāng, nàlǐ dōu shì yuànyì gěi wǒmen shíwù de rén. Dànshì nàlǐ shì yìqún xié'è de móguǐ. Wǒ hé tāmen èzhàn le yì chǎng. Hóuzi bāng le wǒ, wǒmen dǎbài le tāmen."

"Nàlǐ zhēnde yǒu yāoguài ma?" Tángsēng wèn.

Sūn Wùkōng shuō, "Yǒu jǐ gè xiǎo èmó, dàn tāmen bú huì gěi wǒmen dài lái rènhé máfan. Wǒmen zǒu ba. Zhū, nǐ zǒu zài qiánmiàn, kāilù. Rúguǒ lǎo móguǐ zàicì chūxiàn, nǐ jiù hé tā zhàndòu. Wǒ zhīdào nǐ néng dǎbài tā."

Zhū shuō, "Xiōngdì, nǐ zhīdào de

Yànhuì shàng de wángzǐ

Búshì hē zuì jiùshì chī bǎo

Zhàndòu zhōng de shìbīng

Búshì shāng jiùshì sǐ"

"Zhè tīng qǐlái hěn bù hǎo. Nǐ wèishénme zhème shuō?" Sūn Wùkōng wèn.

"Xiànzài zhème shuō, yǐhòu wǒ huì ràng wǒ zìjǐ biàn dé gèng qiáng

"哥哥骗了我，"猪说。"他告诉我，有一个村庄，那里都是愿意给我们食物的人。但是那里是一群邪恶的魔鬼。我和他们恶战了一场。猴子帮了我，我们打败了他们。"

"那里真的有妖怪吗？"唐僧问。

孙悟空说，"有几个小恶魔，但他们不会给我们带来任何麻烦。我们走吧。猪，你走在前面，开路。如果老魔鬼再次出现，你就和他战斗。我知道你能打败他。"

猪说，"兄弟，你知道的

    宴会上的王子
    不是喝醉就是吃饱
    战斗中的士兵
    不是伤就是死"

"这听起来很不好。你为什么这么说？"孙悟空问。

"现在这么说，以后我会让我自己变得更强

dà." Sì wèi yóurén jìxù zài tōng xiàng Yìndù de lùshàng wǎng xī zǒu qù.

Zhège shíhòu, lǎo móguǐ hé xiǎo móguǐ huí dào le tāmen de shāndòng. Lǎo móguǐ de xīnqíng fēicháng bù hǎo. Yígè xiǎo móguǐ wèn, "Dàwáng, nǐ jīntiān wèishénme zhème shāngxīn?"

Tā huídá shuō, "Xiǎo de men, yìbān wǒ chūqù xúnluó de shíhòu, wǒ néng zhǎodào jǐ gè rén huò dòngwù dài huílái gěi nǐmen chī. Dàn jīntiān wǒ yùdào le yígè fēicháng wēixiǎn de héshang, zhū rén Zhū Bājiè. Tā hé tā de shīfu Táng héshang yìqǐ lái le zhèlǐ. Wǒ xiǎng chī Táng héshang de ròu, dàn wǒ bùnéng dǎbài tā de túdì."

Yígè xiǎo móguǐ shuō, "Dàwáng, wǒ yǐqián zhù zài Shīzi Dòng lǐ. Wǒ wèi Shīzi Lǐng de móguǐ gōngzuò. Wǒ de zhǔrén yě xiǎng chīdiào Táng héshang. Dànshì héshang de dà túdì, yì zhī jiào Sūn de hóuzi, shā sǐ le wǒ de zhǔrén hé xǔduō qítā móguǐ. Wǒ cóng dòng de hòumén táo le chūlái, lái dào le zhèlǐ. Zhè jiùshì wèishénme wǒ zhīdào Sūn de lìliàng. Wǔbǎi nián qián, tā zài tiānshàng zhǎo le má

大。"四位游人继续在通向印度的路上往西走去。

这个时候,老魔鬼和小魔鬼回到了他们的山洞。老魔鬼的心情非常不好。一个小魔鬼问,"大王,你今天为什么这么伤心?"

他回答说,"小的们,一般我出去巡逻的时候,我能找到几个人或动物带回来给你们吃。但今天我遇到了一个非常危险的和尚,猪人猪八戒。他和他的师父唐和尚一起来了这里。我想吃唐和尚的肉,但我不能打败他的徒弟。"

一个小魔鬼说,"大王,我以前住在狮子洞里。我为狮子岭的魔鬼工作。我的主人[25]也想吃掉唐和尚。但是和尚的大徒弟,一只叫孙的猴子,杀死了我的主人和许多其他魔鬼。我从洞的后门逃了出来,来到了这里。这就是为什么我知道孙的力量。五百年前,他在天上找了麻

---

[25] His boss was one of the three demons – Blue Haired Lion, Yellow Tusk Elephant and Great Peng – who fought the travelers in Book 25, *Great Peng and His Brothers*.

fán, tiānshàng de zhòng shén dōu pà tā. Nǐ yīnggāi búyào zài qù xiǎng chī Táng héshang le. Nà tài wéixiǎn le."

Zhège gùshì xiàhuài le lǎo móguǐ. Dàn jǐn gēnzhe yòu yǒu yígè xiǎo móguǐ zhàn le chūlái. Tā shuō, "Dàwáng, búyào hàipà. Wǒ yǒu yígè zhuā Táng héshang de jìhuà. Tā jiào 'Fēn Bàn Méihuā Jì.' "

Lǎo móguǐ wèn, " 'Fēn Bàn Méihuā Jì' shì shénme?"

"Jiào lái suǒyǒu nǐ de xiǎo móguǐ. Cóng suǒyǒu zhèxiē móguǐ zhōng, xuǎn zuì hǎo de yìbǎi gè. Cóng nà yìbǎi gè zhòng xuǎn zuì hǎo de shí gè. Cóng nà shí gè zhòng xuǎn zuì hǎo de sān gè. Tāmen bìxū néng gǎibiàn tāmen zìjǐ de yàngzi. Ràng sān rén gǎibiàn tāmen de yàngzi, ràng tāmen kàn qǐlái dōu xiàng dàwáng yíyàng, chuānzhe nǐ de kuījiǎ, názhe nǐ de wǔqì. Ràng yígè qù dǎ Zhū Bājiè, yígè qù dǎ Shā Wùjìng, yígè qù dǎ Sūn Wùkōng. Dāng tāmen dōu zài mángzhe zhàndòu de shíhòu, nǐ jiù kěyǐ zhuā zhù Táng héshang. Zhè hěn jiǎndān."

Lǎo móguǐ pāishǒu shuō, "Zhè zhēnshì tài hǎo le! Rúguǒ chénggōng le, wǒ huì ràng nǐ chéngwéi suǒyǒu xiǎo móguǐ de zhǐhuī guān." Xiǎo

烦，天上的众神都怕他。你应该不要再去想吃唐和尚了。那太危险了。"

这个故事吓坏了老魔鬼。但紧跟着又有一个小魔鬼站了出来。他说，"大王，不要害怕。我有一个抓唐和尚的计划。它叫'分瓣梅花计。'"

老魔鬼问，"'分瓣梅花计'是什么？"

"叫来所有你的小魔鬼。从所有这些魔鬼中，选最好的一百个。从那一百个中选最好的十个。从那十个中选最好的三个。他们必须能改变他们自己的样子。让三人改变他们的样子，让他们看起来都像大王一样，穿着你的盔甲，拿着你的武器。让一个去打猪八戒，一个去打沙悟净，一个去打孙悟空。当他们都在忙着战斗的时候，你就可以抓住唐和尚。这很简单。"

老魔鬼拍手说，"这真是太好了！如果成功了，我会让你成为所有小魔鬼的指挥官。"小

móguǐ kòutóu, ránhòu qù jiào suǒyǒu de xiǎo móguǐ. Hěn kuài, zuì hǎo de sān gè xiǎo móguǐ bèi xuǎn le chūlái. Tāmen dōu biàn le yàngzi, kàn qǐlái jiù xiàng lǎo móguǐ yíyàng. Ránhòu tāmen jiù děngzhe héshang hé tā de túdì de dàolái.

Tángsēng qízhe mǎ, shēnbiān wéizhe sān gè túdì. Tāmen tīngdào le yìshēng jù xiǎng. Yígè móguǐ tiào le chūlái, xiàng Tángsēng pǎo qù. Sūn Wùkōng hǎn dào, "Móguǐ lái le. Zhū, zhuāzhù tā!"

Zhū báchū tā de bàzi, kāishǐ hé móguǐ zhàndòu. Yì fēnzhōng hòu, dì èr gè èmó tiào le chūlái, xiàng Tángsēng pǎo qù. Sūn Wùkōng shuō, "Wǒ xiǎng shì Zhū ràng móguǐ pǎo le. Wǒ yào hé tā zhàndòu." Tā kāishǐ hé dì èr gè móguǐ zhàndòu.

Jǐn gēnzhe, yízhèn dàfēng, dì sān gè èmó xiàng Tángsēng pǎo qù. "Zhè shì zěnme le?" Shā Wùjìng wèn dào. Dànshì tā báchū tā de guǎizhàng, kāishǐ hé dì sān gè móguǐ zhàndòu.

Xiànzài sān gè túdì dōu zài zhàndòu. Lǎo móguǐ cóng tiānshàng fēi xià. Tā zhuāzhù Tángsēng, dàizhe tā wǎng zìjǐ de shāndòng zǒu qù. Tā zǒu jìn shāndòng, jiān shàng bēizhe Tángsēng. "Zhǐhuī guān!" tā hǎn dào. Zuò jìhuà de xiǎo móguǐ zǒu shàng qián lái. Lǎo móguǐ shuō,

魔鬼叩头，然后去叫所有的小魔鬼。很快，最好的三个小魔鬼被选了出来。他们都变了样子，看起来就像老魔鬼一样。然后他们就等着和尚和他的徒弟的到来。

唐僧骑着马，身边围着三个徒弟。他们听到了一声巨响。一个魔鬼跳了出来，向唐僧跑去。孙悟空喊道，"魔鬼来了。猪，抓住他！"

猪拔出他的耙子，开始和魔鬼战斗。一分钟后，第二个恶魔跳了出来，向唐僧跑去。孙悟空说，"我想是猪让魔鬼跑了。我要和他战斗。"他开始和第二个魔鬼战斗。

紧跟着，一阵大风，第三个恶魔向唐僧跑去。"这是怎么了？"沙悟净问道。但是他拔出他的拐杖，开始和第三个魔鬼战斗。

现在三个徒弟都在战斗。老魔鬼从天上飞下。他抓住唐僧，带着他往自己的山洞走去。他走进山洞，肩上背着唐僧。"指挥官！"他喊道。做计划的小魔鬼走上前来。老魔鬼说，

"Nǐ de jìhuà fēicháng chénggōng. Nǐ xiànzài shì wǒ suǒyǒu móguǐ de zhǐhuī guān. Ràng rén qù ná shuǐ, shāohuǒ mùtou hé yígè dà guō. Wǒmen jiāng zhēng Táng héshang. Ránhòu wǒ hé nǐ chī tā de ròu, chángshēng bùlǎo."

Zhǐhuī guān huídá shuō, "Dàwáng, wǒmen hái bùnéng chī héshang. Nà zhī Sūn hóuzi zhēnde, zhēnde fēicháng wéixiǎn. Rúguǒ tā fāxiàn wǒmen shā le, chī le tā de shīfu, tā dōu bú huì xiǎng hé wǒmen zhàndòu. Tā zhǐ huì bǎ zhěng zuò shān tuīdǎo zài wǒmen tóu shàng, mǎshàng shā sǐ wǒmen."

"Nǐ yǒu shénme hǎo de zhǔyì?"

"Wǒ xiǎng wǒmen yīnggāi bǎ Táng héshang dài dào huāyuán hòumiàn, bǎ tā bǎng qǐlái, bǎ tā zài nàlǐ fàng jǐ tiān. Zhè jiāng bǎ tā lǐmiàn dōu qīng gānjìng. Wǒmen děng tā de sān gè túdì líkāi. Ránhòu, wǒmen kěyǐ zhēng héshang, shūshūfúfú de xiǎngshòu tā. Zěnmeyàng?"

"Hǎo," lǎo móguǐ xiào dào, "zhè shì yígè fēicháng hǎo de jìhuà."

Tāmen bǎ Tángsēng dài dào huāyuán hòumiàn, bǎ tā bǎng zài yì kē shù

"你的计划非常成功。你现在是我所有魔鬼的指挥官。让人去拿水、烧火木头和一个大锅。我们将蒸唐和尚。然后我和你吃他的肉，长生不老。"

指挥官回答说，"大王，我们还不能吃和尚。那只孙猴子真的、真的非常危险。如果他发现我们杀了、吃了他的师父，他都不会想和我们战斗。他只会把整座山推倒在我们头上，马上杀死我们。"

"你有什么好的主意？"

"我想我们应该把唐和尚带到花园后面，把他绑起来，把他在那里放几天。这将把他里面都清干净。我们等他的三个徒弟离开。然后，我们可以蒸和尚，舒舒服服地享受他。怎么样？"

"好，"老魔鬼笑道，"这是一个非常好的计划。"

他们把唐僧带到花园后面，把他绑在一棵树

shàng. Tā kū le, shuō, "Túdìmen, nǐmen zài nǎlǐ? Wǒ bèi yígè èmó zhuā zhù le. Wǒ shénme shíhòu zài jiàndào nǐmen?"

Zhèng kūzhe, tā tīngdào fùjìn chuán lái yígè shēngyīn shuō, "Zhǎnglǎo, nǐ yě zài zhèlǐ!"

"Nà shì shuí?" Tángsēng wèn.

"Wǒ shì zhù zài zhè zuò shānshàng de yígè kǎnmù rén. Sān tiān qián, wǒ bèi zhuā le, bèi bǎng le qǐlái. Wǒ xiǎng tāmen dǎsuàn chīdiào wǒ."

"Kǎnmù rén, hěn duìbùqǐ tīngdào zhège. Dàn rúguǒ nǐ sǐ le, nà zhǐ huì shì nǐ zìjǐ. Rúguǒ wǒ sǐ le, qíngkuàng huì gèng huài."

"Nǐ wèishénme zhème shuō? Nǐ shì yígè yǐjīng líkāi jiā de rén. Nǐ méiyǒu fùmǔ, méiyǒu qīzi, méiyǒu háizi."

"Wǒ shì Táng huángdì sòng lái de, qù xītiān qǔjīng. Rúguǒ wǒ sǐ zài zhèlǐ, wǒ jiāng duìbùqǐ wǒ de huángdì hé tā de dàchénmen.

上。他哭了,说,"徒弟们,你们在哪里?我被一个恶魔抓住了。我什么时候再见到你们?"

正哭着,他听到附近传来一个声音说,"长老,你也在这里!"

"那是谁?"唐僧问。

"我是住在这座山上的一个砍木人。三天前,我被抓了,被绑了起来。我想他们打算吃掉我。"

"砍木人,很对不起听到这个。但如果你死了,那只会是你自己。如果我死了,情况会更坏。"

"你为什么这么说?你是一个已经离开家的人。你没有父母,没有妻子,没有孩子。"

"我是唐皇帝送来的,去西天取经。如果我死在这里,我将对不起我的皇帝和他的大臣们。

Dìyù lǐ wúshǔ de línghún jiāng yǒngyuǎn méiyǒu bànfǎ táolí Zhuǎn Lún Cáng. Wǒ suǒyǒu de gōngzuò dōu jiāng xiàng fēng zhōng de huīchén yíyàng."

"Zhè zhēn de ràng rén nánguò. Dàn wǒ de sǐ huì gèng bù hǎo. Wǒ hé mǔqīn zhù zài yìqǐ. Tā jīnnián bāshí'èr suì, zhǐyǒu wǒ yígè rén zhàogù tā. Rúguǒ wǒ sǐ le, shuí lái mái tā?"

"Wǒ de péngyǒu, cìhòu huángdì hé cìhòu fùmǔ shì yíyàng de. Nǐ bèi nǐ mǔqīn de réncí gǎndòng, wǒ bèi huángdì de réncí gǎndòng."

地狱里无数²⁶的灵魂将永远没有办法逃离转轮藏。我所有的工作都将像风中的灰尘²⁷一样。"

"这真的让人难过。但我的死会更不好。我和母亲住在一起。她今年八十二岁，只有我一个人照顾她。如果我死了，谁来埋她？"

"我的朋友，伺候皇帝和伺候父母是一样的。你被你母亲的仁慈感动，我被皇帝的仁慈感动。"

---

²⁶ 无数　wúshù – countless
²⁷ 尘　　chén – dust

Dì 86 Zhāng

Dāng Tángsēng hé kǎnmù rén bèi guān zài lǎo móguǐ de dòng lǐ shí, Sūn Wùkōng dǎbài le sān gè jiǎ de lǎo móguǐ zhōng de yígè. Tā pǎo huí shīfu děng tā de dìfāng. Dàn tā méiyǒu kàndào Tángsēng, tā zhǐ kàndào le báimǎ hé xínglǐ. Tā kāishǐ zhǎo Tángsēng.

Bùjiǔ, Zhū hé Shā jiārù le tā de zhàndòu. Tāmen dōu hěn kùnhuò, yīnwèi sān gè túdì dōu rènwéi tāmen yìzhí zài hé tóng yígè lǎo móguǐ zhàndòu. Měi gè rén dōu yǐwéi qítā rén ràng lǎo móguǐ táo le. Zuìhòu Sūn Wùkōng tiào le qǐlái, fènnù de hǎn dào, "Tā piàn le wǒ! Tā piàn le wǒ!"

"Nǐ shì shénme yìsi?" Shā wèn.

"Tā yòng le gǔlǎo de 'Fēn Bàn Méihuā Jì' de piànshù. Tā ràng wǒmen sān gè rén hé qítā móguǐ zhàndòu, ránhòu tā tiào xiàlái, bǎ wǒmen de shīfu dài zǒu le." Tā kāishǐ kū le, shuō, "Wǒmen xiànzài gāi zěnme bàn?"

Zhū shuō, "Gēge, bié kū. Tā yídìng zài fùjìn. Wǒmen qù zhǎo tā ba." Tāmen kāishǐ zài shānshàng zhǎo. Guò le yīhuǐ'er, zài yígè dà xuányá dǐ, tāmen fāxiàn le yígè tōng xiàng yí

第 86 章

当唐僧和砍木人被关在老魔鬼的洞里时,孙悟空打败了三个假的老魔鬼中的一个。他跑回师父等他的地方。但他没有看到唐僧,他只看到了白马和行李。他开始找唐僧。

不久,猪和沙加入了他的战斗。他们都很困惑,因为三个徒弟都认为他们一直在和同一个老魔鬼战斗。每个人都以为其他人让老魔鬼逃了。最后孙悟空跳了起来,愤怒地喊道,"他骗了我!他骗了我!"

"你是什么意思?"沙问。

"他用了古老的'分瓣梅花计'的骗术。他让我们三个人和其他魔鬼战斗,然后他跳下来,把我们的师父带走了。"他开始哭了,说,"我们现在该怎么办?"

猪说,"哥哥,别哭。他一定在附近。我们去找他吧。"他们开始在这山上找。过了一会儿,在一个大悬崖底,他们发现了一个通向一

gè shāndòng de dà shímén. Dàmén shàng yǒu yíkuài shí pái. Shàngmiàn kèzhe dàzì, "Yǐn Wù Shān Zhé Yuè Liánhuán Dòng."

"Zhè shì lǎo móguǐ zhù de dìfāng," Sūn Wùkōng shuō. "Zhū, qù zhuā zhù tā." Zhū jǔ qǐ bàzi, xiàng qián pǎo qù, zá suì le shímén.

Niánqīng de zhǐhuī guān tīngdào le shēngyīn. Tā pǎo xiàng dàmén, kàndào le zhū rén. Tā zhuǎnguò shēn, pǎo huí lǎo móguǐ miànqián, shuō, "Dàwáng, bié dānxīn. Zhǐshì Zhū Bājiè. Tā búshì wèntí. Yào xiǎoxīn hóuzi."

Zhū tīngdào le zhè huà. Tā zhuǎnguò shēn lái, duì Sūn Wùkōng hǎn dào, "Gēge, tāmen bú pà wǒ, dàn tāmen yídìng pà nǐ. Nǐ zuì hǎo kuài diǎn lái zhèlǐ." Sūn Wùkōng mǎshàng pǎo dào ménkǒu, kāishǐ hǎnzhe ràng móguǐmen fàng le tā de shīfu. Shā gēnzhe tā.

Mówáng tīngdào le zhè huà. Tā duì zhǐhuī guān shuō, "Dōu shì nǐ yòng shénme 'Fēn Bàn Méihuā Jì' gěi wǒmen dài lái le zhè chǎng zāinàn. Zhè duì wǒmen lái shuō jiāng zěnme jiéshù?"

个山洞的大石门。大门上有一块石牌。上面刻着大字，"隐雾山折岳连环洞。"

"这是老魔鬼住的地方，"孙悟空说。"猪，去抓住他。"猪举起耙子，向前跑去，砸碎了石门。

年轻的指挥官听到了声音。他跑向大门，看到了猪人。他转过身，跑回老魔鬼面前，说，"大王，别担心。只是猪八戒。他不是问题。要小心猴子。"

猪听到了这话。他转过身来，对孙悟空喊道，"哥哥，他们不怕我，但他们一定怕你。你最好快点来这里。"孙悟空马上跑到门口，开始喊着让魔鬼们放了他的师父。沙跟着他。

魔王听到了这话。他对指挥官说，"都是你用什么'分瓣梅花计'给我们带来了这场灾难[28]。这对我们来说将怎么结束？"

---

[28] 灾难　zāinàn – disaster

"Dàwáng, bié dānxīn," zhǐhuī guān huídá. "Wǒ zhīdào zhè zhī hóuzi. Tā shì yígè qiángdà de zhànshì, dàn tā yě hěn xūróng. Wǒmen duì tā shuō yìxiē tā xǐhuān de huà, piàn tā, ràng tā yǐwéi wǒmen yǐjīng chī le tā de shīfu."

"Nà wǒmen zěnme zuò?"

"Wǒ huì zuò yígè jiǎ réntóu. Wǒmen bǎ tóu gěi Sūn kàn, gàosù tā, nà shì tā sǐqù de shīfu de tóu."

Zhǐhuī guān yòng fǔtóu kǎn xià yíkuài liǔshù gēn. Tā bǎ tā zuò chéng xiàng yígè réntóu. Tā yǎo le tā de zuǐchún, bǎ xuě nòng zài jiǎ tóu shàng. Ránhòu tā ràng yígè xiǎo móguǐ bǎ tóu fàng zài pánzi shàng, dài gěi Sūn Wùkōng, shuō, "Ò, dà shèng, qǐng fàngxià nǐ de fènnù, ràng wǒmen hé nǐ shuōhuà."

Xiǎo móguǐ hěn hàipà, dàn háishì màn màn de xiàng túdìmen zǒu qù, bǎ tóu fàng zài pánzi shàng. Zhū zhèng yào yòng bàzi zá xiǎo móguǐ. Dàn Sūn Wùkōng xǐhuān bèi rén jiàozuò 'Dà Shèng' suǒyǐ tā jǔ qǐ shǒu shuō, "Děng yíxià, xiōngdì. Ràng wǒmen tīng tīng tāmen zěnme

"大王，别担心，"指挥官回答。"我知道这只猴子。他是一个强大的战士，但他也很虚荣[29]。我们对他说一些他喜欢的话，骗他，让他以为我们已经吃了他的师父。"

"那我们怎么做？"

"我会做一个假人头。我们把头给孙看，告诉他，那是他死去的师父的头。"

指挥官用斧头砍下一块柳树根。他把它做成像一个人头。他咬了他的嘴唇，把血弄在假头上。然后他让一个小魔鬼把头放在盘子上，带给孙悟空，说，"哦，大圣，请放下你的愤怒，让我们和你说话。"

小魔鬼很害怕，但还是慢慢地向徒弟们走去，把头放在盘子上。猪正要用耙子砸小魔鬼。但孙悟空喜欢被人叫做'大圣'所以他举起手说，"等一下，兄弟。让我们听听他们怎么

---

[29] 虚荣　xūróng – vanity

shuō."

Xiǎo móguǐ shuō, "Ò, Dà Shèng, zhège shāndòng lǐ de yìxiē móguǐ kěnéng zuò le yí jiàn hěn huài de shì. Tāmen yǐjīng chīdiào le nǐ de shīfu, zhǐ shèngxià tā de tóu. Wǒ zhè lǐ yǒu tā de tóu."

Sūn Wùkōng shuō, "En, rúguǒ nǐmen chī le tā, nà zhǐnéng nàyàng le. Gěi wǒ kàn yíxià tā de tóu." Xiǎo móguǐ bǎ tóu rēng le chūqù. Tā diào zài le Sūn Wùkōng de jiǎoxià.

"Yǒuxiē búduì," Sūn Wùkōng duì Zhū shuō. "Dāng nǐ bǎ yígè zhēnde réntóu rēng zài dìshàng de shíhòu, tā bú huì yǒu hěn xiǎng de shēngyīn. Dànshì zhège tóu diào dào dìshàng shí, tā fāchū hěn xiǎng de shēngyīn, jiù xiàng liǎng kuài mùtou pèng zài yìqǐ yíyàng." Ránhòu tā yòng tā de bàng dǎ nàge tóu. Nàge tóu suì kāi le, tāmen kàndào, nà shì yíkuài liǔshù gēn.

Xiǎo móguǐ pǎo huí shāndòng, xiàng lǎo móguǐ bàogào le zhè shì. "Nà hǎoba," lǎo móguǐ shuō, "wǒmen zhǐ xūyào gěi tā kàn yígè zhēn de réntóu. Qù chúfáng ná yígè."

Xiǎo móguǐ qù le chúfáng, fāxiàn le yì duī réntóu, tā ná le yígè. Tā yòng dāo cóng tóushàng qǔ xià le dà bùfèn ròu. Ránhòu tā bǎ

说。"

小魔鬼说,"哦,大圣,这个山洞里的一些魔鬼可能做了一件很坏的事。他们已经吃掉了你的师父,只剩下他的头。我这里有他的头。"

孙悟空说,"嗯,如果你们吃了他,那只能那样了。给我看一下他的头。"小魔鬼把头扔了出去。它掉在了孙悟空的脚下。

"有些不对,"孙悟空对猪说。"当你把一个真的人头扔在地上的时候,它不会有很响的声音。但是这个头掉到地上时,它发出很响的声音,就像两块木头碰在一起一样。"然后他用他的棒打那个头。那个头碎开了,他们看到,那是一块柳树根。

小魔鬼跑回山洞,向老魔鬼报告了这事。"那好吧,"老魔鬼说,"我们只需要给他看一个真的人头。去厨房拿一个。"

小魔鬼去了厨房,发现了一堆人头,他拿了一个。他用刀从头上取下了大部分肉。然后他把

tóu ná chūlái, duì Sūn Wùkōng hé Zhū shuō, "Dà Shèng, wǒ gěi nǐ kàn de dì yī gè réntóu shì jiǎde. Dàn zhège zhēnde shì nǐ shīfu de tóu." Tā bǎ tóu xiàng Sūn Wùkōng nàlǐ de dìshàng rēng qù.

Sūn Wùkōng kāishǐ kū le qǐlái. Tā xiāngxìn zhège tóu zhēn de shì tā shīfu de. Sān gè túdì ná qǐ le tóu. Tāmen zài lí shāndòng bù yuǎn de dìfāng zhǎodào le yígè ānjìng de dìfāng. Zhū yòng bàzi wā le yí gè dòng. Tāmen bǎ tóu mái jìn dòng lǐ, yòng tǔ gài shàng, zài shàngmiàn fàng le jǐ gēn liǔ zhī hé yìxiē shítou.

Sūn Wùkōng cā le cā yǎnjīng, shuō, "Shā, nǐ shǒuwèi fénmù, kānhù mǎ hé xínglǐ. Zhū, nǐ hé wǒ yìqǐ qù zhuā nàge yāoguài, bǎ tā de shēntǐ suì chéng qiān kuài." Zhū rén ná qǐ bàzi, Sūn Wùkōng jǔ qǐ jīn gū bàng, liǎng rén zhí xiàng shāndòng pǎo qù. Tāmen jìn le shāndòng, kāishǐ gōngjī suǒyǒu de xiǎo móguǐ.

"Wǒmen gāi zěnme bàn?" Zhǐhuī guān duì lǎo móguǐ shuō.

Tā huídá shuō, "Gǔrén shuō, 'Bǎ nǐ de shǒu fàng zài yú lánzi lǐ, nǐ de shǒu jiù huì hěn nán wén.' Wǒmen yǐjīng kāishǐ le zhè shì, xiànzài wǒmen bìxū wánchéng tā. Jiānchí zìjǐ de

头拿出来,对孙悟空和猪说,"大圣,我给你看的第一个人头是假的。但这个真的是你师父的头。"他把头向孙悟空那里的地上扔去。

孙悟空开始哭了起来。他相信这个头真的是他师父的。三个徒弟拿起了头。他们在离山洞不远的地方找到了一个安静的地方。猪用耙子挖了一个洞。他们把头埋进洞里,用土盖上,在上面放了几根柳枝和一些石头。

孙悟空擦了擦眼睛,说,"沙,你守卫坟墓,看护马和行李。猪,你和我一起去抓那个妖怪,把他的身体碎成千块。"猪人拿起耙子,孙悟空举起金箍棒,两人直向山洞跑去。他们进了山洞,开始攻击所有的小魔鬼。

"我们该怎么办?"指挥官对老魔鬼说。

他回答说,"古人说,'把你的手放在鱼篮子里,你的手就会很难闻。'我们已经开始了这事,现在我们必须完成它。坚持自己的

lìchǎng!" Ránhòu tā náqǐ tā de wǔqì, yì bǎ tiě bàng. Tā pǎo chū shāndòng, zhǐhuī guān hé jǐ bǎi gè xiǎo móguǐ gēn zài tā de shēnhòu. Tā duì Sūn Wùkōng hé Zhū hǎn dào, "Nǐmen bù zhīdào wǒ shì shuí ma? Wǒ shì Nánshān Dàwáng. Wǒ yǐjīng zài zhèlǐ jǐ bǎi nián le. Wǒ yǐjīng chī le nǐ de shīfu. Nǐ gǎn zěnme yàng?"

Sūn Wùkōng shuō, "Nǐ zěnme gǎn jiào zìjǐ Nánshān Dàwáng? Lián Tàishàng Lǎojūn, Rúlái Fó hé Kǒngzǐ dōu bù gǎn jiào tāmen zìjǐ dàwáng. Nǐ shénme dōu búshì."

Dà shèng hé dàwáng zhànzhe, hùxiāng shuōzhe xiūrǔ de huà. Zuìhòu, yāoguài tiào xiàng qián, xiǎng yòng tā de tiě bàng dǎ Sūn Wùkōng. Sūn Wùkōng hěn róngyì de dǎngxià le zhè yì jī, zhàndòu kāishǐ le. Zài tāmen zhàndòu shí, Zhū hé zhǐhuī guān yě zài zhàndòu. Sūn Wùkōng kàndào jǐ bǎi gè xiǎo móguǐ lái le. Tā mǎshàng yòng tā de fēnshēn mófǎ, biàn chū le jǐ bǎi zhī xiǎo hóuzi. Měi gè xiǎo hóuzi dōu kāishǐ hé yígè xiǎo móguǐ zhàndòu.

Zhēnshì yì chǎng zhàndòu!

    Dōngfāng de héshang zhèng xīxíng

立场[30]！"然后他拿起他的武器，一把铁棒。他跑出山洞，指挥官和几百个小魔鬼跟在他的身后。他对孙悟空和猪喊道，"你们不知道我是谁吗？我是南山大王。我已经在这里几百年了。我已经吃了你的师父。你敢怎么样？"

孙悟空说，"你怎么敢叫自己南山大王？连太上老君、如来佛和孔子都不敢叫他们自己大王。你什么都不是。"

大圣和大王站着，互相说着羞辱的话。最后，妖怪跳向前，想用他的铁棒打孙悟空。孙悟空很容易地挡下了这一击，战斗开始了。在他们战斗时，猪和指挥官也在战斗。孙悟空看到几百个小魔鬼来了。他马上用他的分身魔法，变出了几百只小猴子。每个小猴子都开始和一个小魔鬼战斗。

真是一场战斗！

东方的和尚正西行

---

[30] 立场　lìchǎng – position

Nánshān lǎo móguǐ dǎng le tā de lù
Yāoguài hěn bù cōngmíng de zhuā le Táng héshang
Ránhòu tā yùdào le hóu wáng hé yǒumíng de Zhū Bājiè
Chéntǔ qǐ, tiānkōng biàn hēi'àn
Zhàndòu de shàngkōng dōu shì móguǐ de hǎnjiào shēng
Dà shèng hé zhū lùchū tāmen de lìliàng
Yāoguài hé tā de zhǐhuī guān lùchū tāmen de è
Dà shèng hé zhū xiǎng yào bàochóu
Yāoguài hé tā de zhǐhuī guān yào héshang de ròu
Sì gè rén zhàndòu le hěn cháng shíjiān
Dàn tāmen dōu méiyǒu bànfǎ yíng

Zuìhòu, Nánshān Dàwáng kàndào tā dǎ bù yíng. Tā fēi huí le tā de shāndòng. Zhǐhuī guān méi néng fēi zǒu. Tā bèi hóu wáng de bàng jī dǎo le. Tā de shēntǐ biàn huí le tā zìjǐ de yàngzi, yì zhī huī láng. Sūn Wùkōng hé Zhū kàn le láng de shītǐ. Ránhòu tāmen fēi gēn zài dàwáng de shēnhòu.

Dàwáng ràng tā de xiǎo móguǐ yòng shítou hé ní dǎngzhù dòng de rùkǒu. Zhū xiǎng yòng bàzi zá suì shítou, dàn shí tou méiyǒu dòng. "Búyào lǐ tā," Sūn Wùkōng shuō. "Tāmen dǎngzhù le qiánmén, dàn dòng

南山老魔鬼挡了他的路

妖怪很不聪明地抓了<u>唐</u>和尚

然后他遇到了猴王和有名的<u>猪八戒</u>

尘土起，天空变黑暗

战斗的上空都是魔鬼的喊叫声

大圣和猪露出他们的力量

妖怪和他的指挥官露出他们的饿

大圣和猪想要报仇

妖怪和他的指挥官要和尚的肉

四个人战斗了很长时间

但他们都没有办法赢

最后，<u>南山</u>大王看到他打不赢。他飞回了他的山洞。指挥官没能飞走。他被猴王的棒击倒了。他的身体变回了他自己的样子，一只灰狼。<u>孙悟空</u>和<u>猪</u>看了狼的尸体。然后他们飞跟在大王的身后。

大王让他的小魔鬼用石头和泥挡住洞的入口。<u>猪</u>想用耙子砸碎石头，但石头没有动。"不要理它，"<u>孙悟空</u>说。"他们挡住了前门，但洞

de hòumiàn yídìng yǒu yígè rùkǒu. Wǒ qù zhǎo zhǎo."

"Bié ràng zìjǐ sǐ le," Zhū shuō. "Wǒmen yǐjīng wèi shīfu kūguò le, wǒ bùxiǎng yě wèi nǐ kū."

Sūn Wùkōng wéizhe shān zǒu le yīhuǐ'er. Tā tīngdào le liúshuǐ de shēngyīn. Dītóu kàn, tā kàndào yìtiáo xiǎo xī cóng dìshàng de yí shàn xiǎo mén lǐ liú chūlái. Tā duì zìjǐ shuō, "Wǒ kěyǐ biànchéng yìtiáo shuǐshé, zhèyàng jiù kěyǐ jìnrù shāndòng. Dànshì, rúguǒ wǒ biànchéng yígè yòu cháng yòu shòu de shēngwù, shīfu bú huì xǐhuān de. Pángxiè ne? Bùxíng, shīfu yě bú huì xǐhuān de, tuǐ tài duō le. "Zuìhòu, tā juédìng biànchéng yì zhī shuǐ lǎoshǔ. Tā zǒu guo dàmén, gēnzhe liúshuǐ xiàng shàng jìnrù le shāndòng.

Bùjiǔ, tā fāxiàn zìjǐ zài dòng de hòumiàn. Táitóu yí kàn, tā kàndào yìxiē xiǎo móguǐ zài zhǔnbèi chī de rénròu. Dāng tā kàndào zhège shí, tā gǎndào ěxīn. "Wǒ zuìhǎo qù nòng qīngchǔ zhèlǐ fāshēng le shénme," tā duì zìjǐ shuō. Ránhòu tā biànchéng le yì zhī xiǎo mìfēng. Tā fēiguò shāndòng, lái dào le lǎo móguǐ zuòzhe de fángjiān.

的后面一定有一个入口。我去找找。"

"别让自己死了，"猪说。"我们已经为师父哭过了，我不想也为你哭。"

孙悟空围着山走了一会儿。他听到了流水的声音。低头看，他看到一条小溪从地上的一扇小门里流出来。他对自己说，"我可以变成一条水蛇，这样就可以进入山洞。但是，如果我变成一个又长又瘦的生物，师父不会喜欢的。螃蟹呢？不行，师父也不会喜欢的，腿太多了。" 最后，他决定变成一只水老鼠。他走过大门，跟着流水向上进入了山洞。

不久，他发现自己在洞的后面。抬头一看，他看到一些小魔鬼在准备吃的人肉。当他看到这个时，他感到恶心[31]。"我最好去弄清楚这里发生了什么，"他对自己说。然后他变成了一只小蜜蜂。他飞过山洞，来到了老魔鬼坐着的房间。

---

[31] 恶心　ěxīn – sick, nauseous

Yígè xiǎo móguǐ pǎo guòlái duì lǎo móguǐ shuō, "Dàwáng, wǒ zài shāndòng wài xúnluó. Wǒ kàndào le Táng héshang de sān wèi túdì. Tāmen dōu zhàn zài fénmù pángbiān, dàshēng de kūzhe. Wǒ xiǎng tāmen yídìng rènwéi wǒmen gěi tāmen de tóu zhēnshì tāmen shīfu de."

Sūn Wùkōng tīngdào zhè huà hěn gāoxìng. Tā kàn le yíxià fángjiān. Fángjiān de yìbiān yǒu yí shàn fēicháng xiǎo de mén. Tā cóng mén xià fēiguò. Tā fāxiàn zìjǐ zài yígè dà huāyuán lǐ. Tā tīngdào le kū shēng. Tā kàndào le Tángsēng hé lìng yígè rén. Tāmen liǎ dōu bèi bǎng zài shù shàng.

Tā biàn huí le tā zìjǐ de yàngzi, hǎn le tā de shīfu. "Shì nǐ ma, Wùkōng?" Tángsēng wèn. "Kuài bāng wǒ líkāi zhèlǐ!"

"Shīfu, fàngxīn ba. Děng yíxià. Wǒ bìxū xiān shā sǐ nà èmó."

Tā biàn huí dào le yì zhī xiǎo mìfēng, huí dào le lǎo móguǐ de fángjiān. Móguǐmen zài tán zěnme bǎ Táng héshang zuò chéng fàn. Tāmen yīnggāi zhēng, chǎo, háishì zhǔ? Yígè shuō tāmen yīnggāi bǎ tā fàng zài yán lǐ, ránhòu màn màn de chī tā. Zhè ràng Sūn Wùkōng fēicháng shēng

一个小魔鬼跑过来对老魔鬼说，"大王，我在山洞外巡逻。我看到了唐和尚的三位徒弟。他们都站在坟墓旁边，大声地哭着。我想他们一定认为我们给他们的头真是他们师父的。"

孙悟空听到这话很高兴。他看了一下房间。房间的一边有一扇非常小的门。他从门下飞过。他发现自己在一个大花园里。他听到了哭声。他看到了唐僧和另一个人。他们俩都被绑在树上。

他变回了他自己的样子，喊了他的师父。"是你吗，悟空？"唐僧问。"快帮我离开这里！"

"师父，放心吧。等一下。我必须先杀死那恶魔。"

他变回到了一只小蜜蜂，回到了老魔鬼的房间。魔鬼们在谈怎么把唐和尚做成饭。他们应该蒸、炒、还是煮？一个说他们应该把他放在盐里，然后慢慢地吃他。这让孙悟空非常生

qì. Tā duì zìjǐ shuō, "Wǒ shīfu duì nǐmen zuò le shénme?"

Tā fēi dào fáng dǐng, méiyǒu rén néng kàndào tā, tā biàn huí le tā zìjǐ de yàngzi. Ránhòu tā cóng shǒubì shàng bá xià yìxiē máo, xiǎoshēng shuō, "Biàn!" Bǎ tāmen biànchéng le shuì chóng. Shuì chóng pá jìn móguǐmen de bízi lǐ, ràng tāmen shuìzháo le. Dàwáng gèzi dà, tā méiyǒu shuìzháo. Suǒyǐ Sūn Wùkōng yòu bǎ jǐ gè shuì chóng fàng jìn le tā de bízi lǐ. Zuìhòu, dàwáng dǎ le liǎng gè hāqian, shuìzháo le.

Dāng tāmen dōu shuìzháo le, Sūn Wùkōng dǎhuài le huāyuán de mén. Tā zhèng yào sōng kāi Tángsēng de bǎng shéng, dàn yòu shuō, "Shīfu, děng děng, wǒ yào xiān shā diào nà èmó." Tā pǎo huí dào fángjiān lǐ, jǔ qǐ tā de bàng. Ránhòu tā shuō, "Ò, děng děng. Kěnéng wǒ yīnggāi xiān jiùchū shīfu." Tā yòu pǎo huí huāyuán. Tā zhèyàng láihuí pǎo le hǎo jǐcì, bù zhīdào gāi xiān zuò nǎ jiàn shì. Zuìhòu, tā sōng kāi le Tángsēng.

Dāng Tángsēng qǐlái líkāi shí, lìng yígè rén dàshēng hǎn dào, "Dà

气。他对自己说,"我师父对你们做了什么?"

他飞到房顶,没有人能看到他,他变回了他自己的样子。然后他从手臂上拔下一些毛,小声说,"变!"把它们变成了睡虫。睡虫爬进魔鬼们的鼻子里,让他们睡着了。大王个子大,他没有睡着。所以<u>孙悟空</u>又把几个睡虫放进了他的鼻子里。最后,大王打了两个哈欠[32],睡着了。

当他们都睡着了,<u>孙悟空</u>打坏了花园的门。他正要松开<u>唐僧</u>的绑绳,但又说,"师父,等等,我要先杀掉那恶魔。"他跑回到房间里,举起他的棒。然后他说,"哦,等等。可能我应该先救出师父。"他又跑回花园。他这样来回跑了好几次,不知道该先做哪件事。最后,他松开了<u>唐僧</u>。

当<u>唐僧</u>起来离开时,另一个人大声喊道,"大

---

[32] 哈欠　hāqian – yawn

rén, qǐng nǐ yě jiù jiù wǒ!"

"Nà rén shì shuí?" Sūn Wùkōng wèn.

Tángsēng shuō, "Tā shì gè kǎnmù rén, yěshì bèi móguǐ zhuā zhù de. Tā de mǔqīn niánjì hěn dà le, tā hěn dānxīn tā. Yě sōng kāi tā ba."

Sūn Wùkōng dàizhe tāmen liǎng rén zǒuchū le shāndòng. Tāmen zǒu dào Zhū hé Shā zhànzhe de fénmù qián. Zhū yǐwéi Tángsēng shì guǐ, dàn Sūn Wùkōng bǎ jiǎ tóu de shì hé tā zěnme jiùchū Tángsēng de shì dōu gàosù le tā.

Sūn Wùkōng hé Zhū huí dào shāndòng lǐ. Tāmen zhǎodào le nàge jiào zìjǐ dàwáng de lǎo móguǐ. Tāmen bǎ lǎo móguǐ bǎng qǐlái, bǎ tā dài dào shāndòng wàimiàn, lǎo móguǐ hái zài shuìjiào. Ránhòu tāmen zài dòng de hòumén fàng le hěnduō gàn de shāohuǒ mùtou. Tāmen diǎn le huǒ. Zhū shāndòng tā de ěrduǒ, ràng huǒ shāo dé gèng dà. Tā shāohuǐ le shāndòng lǐ de yíqiè, shā sǐ le suǒyǒu de xiǎo móguǐ.

Tāmen huí dào le Tángsēng nàlǐ. Tāmen kàndào dàwáng xǐng le guòlái. Zhū hěn kuài yòng tā de bàzi zá sǐ le tā. Sǐqù de dàwáng biànchéng le yì zhī bàozi. Sūn Wùkōng shuō, "Bàozi kěyǐ shā lǎo

人，请你也救救我！"

"那人是谁？"孙悟空问。

唐僧说，"他是个砍木人，也是被魔鬼抓住的。他的母亲年纪很大了，他很担心她。也松开他吧。"

孙悟空带着他们两人走出了山洞。他们走到猪和沙站着的坟墓前。猪以为唐僧是鬼，但孙悟空把假头的事和他怎么救出唐僧的事都告诉了他。

孙悟空和猪回到山洞里。他们找到了那个叫自己大王的老魔鬼。他们把老魔鬼绑起来，把他带到山洞外面，老魔鬼还在睡觉。然后他们在洞的后门放了很多干的烧火木头。他们点了火。猪扇动他的耳朵，让火烧得更大。它烧毁了山洞里的一切，杀死了所有的小魔鬼。

他们回到了唐僧那里。他们看到大王醒了过来。猪很快用他的耙子砸死了他。死去的大王变成了一只豹子。孙悟空说，"豹子可以杀老

hǔ hé rén. Shā sǐ le tā, wǒmen jiù le xǔduō shēngmìng."

Héshang hé sān gè túdì zhǔnbèi líkāi. Dàn kǎnmù rén shuō, "Xiānshēngmen, wǒjiā lí zhèlǐ bù yuǎn. Nǐmen néng bùnéng qù wǒjiā, jiàn jiàn wǒ de mǔqīn, ràng wǒmen wèi nǐmen zhǔnbèi yí dùn fàn?"

Tāmen gēnzhe kǎnmù rén. Hěn kuài, tāmen kàndào le yígè xiǎowū. Tā bèi zhú líbā wéizhe. Yìtiáo shítou xiǎolù cóng dàmén tōng xiàng qiánmén. Sìzhōu dōu shì xiānhuā hé shùmù. Yígè lǎo fùrén zhàn zài mén qián, kànzhe sìzhōu, dàshēng hǎn dào, "Wǒ de érzi, nǐ zài nǎlǐ?"

"Wǒ zài zhèlǐ, mǔqīn!" Tā hǎn dào. Tā pǎo dào tā miànqián, guì zài tā miànqián, kū le qǐlái.

Lǎo fùrén bàozhù tā. Shuō, "Wǒ de háizi, nǐ yǐjīng zǒu le hǎo jǐ tiān le. Wǒ yǐwéi shì shānzhǔ zhuā zǒu le nǐ. Fāshēng le shénme shì?"

"Mǔqīn, shānzhǔ shì zhuā le wǒ. Wǒ bèi bǎng le hǎo jǐ tiān. Tāmen yào chīdiào wǒ. Dàn zhèxiē xiānshēng jiù le wǒ. Tāmen shì láizì

虎和人。杀死了他，我们救了许多生命。"

和尚和三个徒弟准备离开。但砍木人说，"先生们，我家离这里不远。你们能不能去我家，见见我的母亲，让我们为你们准备一顿饭？"

他们跟着砍木人。很快，他们看到了一个小屋。它被竹篱笆[33]围着。一条石头小路从大门通向前门。四周都是鲜花和树木。一个老妇人站在门前，看着四周，大声喊道，"我的儿子，你在哪里？"

"我在这里，母亲！"他喊道。他跑到她面前，跪在她面前，哭了起来。

老妇人抱住他。说，"我的孩子，你已经走了好几天了。我以为是山主抓走了你。发生了什么事？"

"母亲，山主是抓了我。我被绑了好几天。他们要吃掉我。但这些先生救了我。他们是来自

---

[33] 篱笆　líbā – fence

Táng dìguó de shèng sēng, qiánwǎng xītiān qǔ fójīng.
Tāmen shā sǐ le shānzhǔ hé tā suǒyǒu de xiǎo móguǐ.
Rúguǒ búshì tāmen, nǐ de érzi yǐjīng sǐ le."

Mǔqīn hé érzi liǎ dōu xiàng Táng héshang hé tā de túdìmen kòutóu. Ránhòu tāmen hěn kuài zǒu jìn xiǎowū qù zhǔnbèi sùshí.

Chī wán fàn hòu, Tángsēng xiàng kǎnmù rén de mǔqīn dàoxiè. Ránhòu tā ràng kǎnmù rén gàosù tāmen zěnme huí dào xiàng xī de dàlùshàng. Tāmen wǔ gè rén zǒu le jǐ lǐ lù, fān shān guò hé, zhōngyú yòu zhǎodào le dà lù.

"Túdìmen," Tángsēng shuō,

"Wǒ zài zhè lǚtú zhōng yǐjīng zǒu le hěn yuǎn
Měi tiáo hé měi zuò shān dōu yùdào zāinàn
Cóng yāoguài hé móguǐ nàlǐ táolí sǐ de mìngyùn
Wǒ de xīn zhǐ zài fójīng shàng
Wǒ de sīniàn zhǐ zài tiāntáng shàng
Zhège lǚtú shénme shíhòu jiéshù?

唐帝国的圣僧，前往西天取佛经。他们杀死了山主和他所有的小魔鬼。如果不是他们，你的儿子已经死了。"

母亲和儿子俩都向唐和尚和他的徒弟们叩头。然后他们很快走进小屋去准备素食。

吃完饭后，唐僧向砍木人的母亲道谢。然后他让砍木人告诉他们怎么回到向西的大路上。他们五个人走了几里路，翻山过河，终于又找到了大路。

"徒弟们，"唐僧说，

"我在这旅途中已经走了很远
每条河每座山都遇到灾难
从妖怪和魔鬼那里逃离死的命运
我的心只在佛经上
我的思念[34]只在天堂上
这个旅途什么时候结束？

---

[34] 思念　sīniàn – thought

Wǒ shénme shíhòu kěyǐ huí jiā?"

Kǎnmù rén tīngjiàn le tā shuō de huà, huídá shuō, "Xiānshēng, bié dānxīn. Sānbǎi lǐ wài jiùshì Yìndù. Nǐ lí xītiān hěn jìn le."

Zhè ràng Tángsēng hěn gāoxìng. Tā xiàng kǎnmù rén dàoxiè. Héshang hé túdìmen miànxiàng xīfāng, jìxù tāmen de lǚtú.

Wǒmen bù zhīdào tāmen xūyào duō cháng shíjiān cáinéng dào xītiān, wǒmen jiàng zài xià yì zhāng zhōng zhīdào.

我什么时候可以回家？"

砍木人听见了他说的话，回答说，"先生，别担心。三百里外就是<u>印度</u>。你离西天很近了。"

这让<u>唐僧</u>很高兴。他向砍木人道谢。和尚和徒弟们面向西方，继续他们的旅途。

我们不知道他们需要多长时间才能到西天，我们将在下一章中知道。

The Dharma Destroying Kingdom
Chapter 84

My dear child, in last night's story I told you a story about the Buddhist monk Tangseng. He was captured by an evil demon and almost married another female demon. Tangseng escaped with help from his three powerful disciples: the monkey king Sun Wukong, the pig-man Zhu Bajie, and the quiet man Sha Wujing. The disciples saved him from marrying the beautiful but dangerous female demon and losing his *yang*. Afterwards, the four travelers continued on their journey to the west.

As they traveled on the road towards India, the weather became warmer. Their faces were touched by warm breezes and early summer rains. The ground was covered with beautiful mountain flowers.

Suddenly an old woman walked out from between two tall willow trees. She held the hand of a young boy. She said, "Stop! Don't go any further, monk. Turn around and go back east. This road leads nowhere."

Tangseng was so surprised that he jumped down off his horse and bowed to her, saying, "Old Bodhisattva, the ancients say, 'The ocean is wide so fish can jump, the sky is empty so birds can fly.' How can there be no road to the west?"

The old woman looked at him and said, "About five or six miles from here is Dharma Destroying Kingdom. In a previous life the king became angry at Buddhism because some Buddhist monks treated him badly. In this life he has vowed to kill ten thousand Buddhist monks. So far he has killed nine thousand, nine hundred and ninety six monks. He is just waiting for four more. If you go to the city you will be throwing away your lives."

"Thank you," replied Tangseng. "I am grateful for your words. Tell me, is there another road around the city?"

She laughed. "No, there is no other way, unless you can fly."

Zhu the pig-man said, "Mama, your words do not frighten us. We all can fly."

The Monkey King Sun Wukong was the only one who could see the truth of this woman. He saw that she was the Bodhisattva Guanyin who was protecting the four travelers on their journey. The boy was Guanyin's disciple Red Boy. Sun Wukong threw himself on the ground and said, "Bodhisattva, please pardon your disciple for not greeting you!"

Guanyin rose into the air on her colorful cloud. Tangseng and his three disciples kowtowed to her. After she left, the big quiet man Sha said, "It's a good thing she told us about the Dharma Destroying Kingdom. What should we do?"

"Don't be afraid," said Sun Wukong. "We have fought many demons and monsters. In this kingdom there are no demons, no monsters, just people. Why should we fear them?" He looked around and continued, "But it's getting late. We don't want the villagers to see us. They may be looking for four monks to kill. Let's get away from the road and find someplace where we can rest and talk."

They found a quiet place a short distance away from the road. They sat down on the ground. Sun Wukong said, "Zhu and Sha, you take care of Master. I will go into the city and look around."

He jumped into the air and flew above the city. Looking down, he saw a bright and prosperous city. It was early evening, the moon was rising in the east. People were finishing up their work and returning to their homes. Not wanting to be seen, Sun Wukong changed into a moth. He fluttered through the city, looking at the streets and shops. He saw a large inn with a sign, "Rest House for Travelers." Below that was a second sign with the name of the owner, Mr. Wang. Looking inside he saw eight or nine men, all travelers. They had finished eating their dinners and were getting ready to go to bed.

Sun Wukong thought he could steal the men's clothing, so that he and the other three travelers could look like everyone else in the city. But just as he thought this, Mr. Wang said, "Please be careful, gentlemen. There are thieves in this city. Keep an eye on your clothing and luggage."

Mr. Wang had a lantern in his hand. The men all gave their clothing and luggage to Mr. Wang. He carried all the luggage and the lantern into his own room. Then he closed the door.

Sun Wukong flew right into the lantern flame, extinguishing it. Then he turned into a rat. He grabbed the clothes and dragged them outside. Mrs. Wang saw this. She called to her husband, "Old man, this is terrible. A rat has changed into a spirit and taken the clothes of our guests!"

Sun Wukong changed back to his own form. He shouted, "Mr. Wang, don't listen to your wife. I am not a rat or a spirit. I am the Great Sage Equal to Heaven. I am protecting the Tang monk while he journeys to the western heaven. I must borrow these clothes to protect my master from your evil king. I will give them back to you later."

Sun Wukong returned to Tangseng and said to him, "Master, I have looked around this city and learned the local language. The king is a wicked man who kills monks. But he is also a true son of heaven. His city is happy and prosperous. I have borrowed these clothes. We will wear them and go into the city. The hats will hide our bald heads. We will stay at the inn. Tomorrow morning we will go out the gate and head west along the main road. If anyone tries to stop us, we will tell them that we have been sent by the Tang Emperor himself. Tang is known as a superior empire. This king will not dare to stop us."

The others agreed that this was a good plan. Tangseng took off his monk's robes and put on the borrowed clothing and hat. Sha also changed clothes. Zhu also tried, but his head was too big for his hat. Sun Wukong had to sew two hats together to make one very large hat. Finally, they all were wearing the borrowed clothing.

"All right," he said. "We must go now. But do not use the words 'master' or 'disciple' while we are here. We will call each other brothers. Master, you will be Tang the Eldest. I will be Sun the Second. Zhu, you are Pig the Third. And Sha, you are Sand the Fourth. When we arrive at the inn, I will do all the talking. I will say that we are horse merchants. I will say that the white horse is a sample, and we have many more horses waiting outside the city."

The four travelers entered the city. They approached the inn. They heard shouting. People were shouting, "My clothing is gone!" and "Where is my hat?" The travelers avoided that inn and went to another one further down the road.

This inn had a lantern at the door which mean that the inn was still open. They went inside. The innkeeper, a woman, asked them to come in. A man took the horse. They went upstairs and sat down at a table.

The innkeeper asked, "Where are you gentlemen from?"

Sun Wukong replied, "We are from the north. We have a hundred poor horses to sell."

She replied, "You have come to the right place. My name is Zhao. My husband died a few years ago, so this place is called

'Widow Zhao's Inn.' We have a big courtyard that will easily hold all of your horses. We have three different classes of service. Please tell me which class you want."

Sun Wukong replied, "Please explain the three different classes."

"If you choose first class you will receive a wonderful banquet with many kinds of fruit and dishes. Several young ladies will come to your table to sing and play with you if you want. The cost is five silver coins per head."

"That sounds very good. In my home town, five coins would not even pay for one young lady to come to the table. Tell me about second class."

"In our second class, you all eat from the same dishes of food. We give you fruit and wine. There are no young ladies. The cost is two silver coins per head."

"That also sounds good. What about the third class?"

"I would not dare to tell you about it, because you are such fine gentlemen."

"There is no harm in telling us. Please!"

"All right. In our third class, nobody serves you. We give you a big pot of rice that you can share. We give you some straw which you can put on the floor to sleep on. In the morning you give us a few copper coins, it does not matter how many."

Zhu said, "Third class sounds fine to me. Bring out the big pot of rice, I'm hungry."

But Sun Wukong said, "No. We have a few silver coins. Innkeeper, give us the first class."

The innkeeper was delighted. She called to her workers, "Make some good tea. Tell the kitchen to get ready. Kill some chickens and geese." She paused, then she added, "Also, kill a pig and a sheep. And get some good wine."

Tangseng was not happy about all this meat being prepared. Sun Wukong stamped his foot and said, "Mrs. Zhao, please come here." He waited until she arrived. He told her, "Please don't kill any living creatures. We are all eating vegetarian food today."

"What, are you all vegetarians?"

"We are on the *gengshen* diet. Today is *gengshen*, so we must eat vegetarian. Tomorrow will be *xinyou* and we can eat meat again. So please, prepare vegetarian dishes for us tonight. We will pay you the same."

This made the innkeeper very happy, because vegetarian food was much less expensive than meat dishes. Sun Wukong continued, "We will also have a little wine, but Elder Brother Tang will not have any. And please don't send any girls to us. Today is a *gengshen* so we want to avoid having fun with the girls. But we will certainly want the girls tomorrow."

The innkeeper went away to help prepare the vegetarian food, and to tell the girls not to come upstairs. The four travelers finished their meal. Hotel workers removed the dishes.

Tangseng said to Sun Wukong, "Where will we sleep? It's too dangerous upstairs. If anyone comes in and sees our bald heads, we will be trapped."

"You're right," he replied. He stamped his foot to call the innkeeper again. When she arrived he told her, "Madam, I'm afraid there is no place for us to sleep. Two of my brothers are a little bit sick, they cannot sleep in the upstairs room because of the breeze. And my elder brother and I cannot sleep if there is any light in the room."

The innkeeper went away and told her daughter, "We have a problem. Four wealthy horse merchants arrived tonight. They wanted first class service and I was hoping to earn some money from them. But they don't want to sleep in the inn because of the breezes and the light that comes in. I may have to tell them to leave. If I do that, we will lose all the money they were going to pay us."

The daughter replied, "Mother, don't worry. When father was alive he made a big wooden trunk. It's four feet wide, seven feet long, and three feet high. It's big enough for several people to sleep in. And when the trunk is closed there's no breeze and no light. It's perfect for our guests."

This made the innkeeper very happy. She told Sun Wukong about the trunk and he agreed to use it. Some workers brought out the trunk and opened the lid. The four travelers got inside. They told the innkeeper to tie up the white horse next to the trunk. Then they told her to close the trunk, lock it, and put paper over any gaps that might let in some light.

"You are very strange," she said, but she did as they asked. Then everyone went to bed.

During the night, the travelers were all very uncomfortable. The trunk was too hot, there was no breeze, and everyone was too close together. They all tried to sleep.

Sun Wukong wanted to make a little bit of trouble. He pinched Zhu on the leg to wake him up. He said in a loud voice, "Brother, we sold those horses last week for three thousand silver coins. We have another four thousand in our bags, and tomorrow we will sell the rest of the horses for three thousand more. That's not bad, eh?"

Outside the trunk, several hotel workers were listening. They were in cahoots with the local bandits. When they heard this, some of them ran to tell the bandits that there were guests in the inn with lots of money. Twenty bandits came to the inn. Widow Zhao and her daughter saw them coming. They were frightened so they locked themselves in their room.

The bandits looked around. They did not see any travelers but they saw the big locked trunk. The leader said, "This trunk is probably full of money, silk and jewels. Let's take it outside the city. We can open it up and take everything." Several strong bandits picked up the trunk and started to carry it away. Some other bandits took the white horse.

Inside the trunk, the travelers all woke up. They knew that the trunk was moving but they didn't know what was going on. Sun Wukong said, "Bandits are carrying us. Keep quiet. Maybe they will carry us all the way to the western heaven, so we won't have to walk."

But the bandits headed east. They killed some guards at the city gate and escaped the city. People saw this and reported it to the commander of the army. A large number of soldiers rushed out of the city to try to catch the bandits. The bandits saw them coming. They dropped the trunk, let go of the white horse, and ran away into the forest.

The soldiers carried the trunk back into the city. The commander looked at the white horse. What did he see?

> Silver threads grow in his mane
> Jade strands grow in his tail
> His bones can bring a thousand gold coins
> He can run for three thousand miles
> He climbs mountains to meet the green clouds
> He neighs at the moon as white as snow
> He is truly a dragon from the ocean
> A jade kirin in the human world

The commander rode the white horse back to the king's palace. The soldiers carried the trunk into the palace. They put the trunk down so the king could look at it in the morning.

During the night, Sun Wukong used his magic to drill a small hole in the bottom of the trunk. He changed into an small cricket. He crawled out and changed back to his true form. Now it was time for some interesting magic!

He pulled all the hairs from his right arm, blew on them and whispered, "Change!" Each hair turned into a little monkey. He pulled all the hairs from his left arm, blew on them and whispered, "Change!" Each hair turned into a sleep insect. Then he grabbed his golden hoop rod, pinched it, and whispered, "Change!" The rod shattered and became a thousand small razors.

He gave a sleep insect and a razor to each little monkey. He told them to go and find everyone in the palace and government offices. He told them to give a sleep insect to each person they met, wait for them to fall asleep, then shave their heads with the razor.

A few hours later the work was done. Sun Wukong shook himself to bring all the hairs back to his arms. He brought the razors together again to make his golden hoop rod. He made the rod small and put it in his ear. Then he changed back into a small cricket and crawled back into the trunk.

In the morning there was chaos in the palace. When the palace ladies woke up they went to wash their hair and found that they were bald. The men found that they were also bald. The queen woke up, looked beside her in the royal bed, and saw a monk sleeping there. She cried out. The monk sat up, and she saw that it was the king, completely bald. He looked at her and said, "Why are you bald, my queen?" "You are the same, Your

Majesty," she replied.

The king looked at her and cried. He said to her, "This must be because of all the monks we have killed."

Chapter 85

Later that morning, the king met with all his ministers. The ministers said, "Your Majesty, we don't know why, but all of your servants lost their hair last night." The ministers and the king agreed that they would not dare to kill any more monks.

Then the commander of the army approached the king and said, "Your Majesty, last night we captured a large wooden trunk and a white horse from some bandits. We beg Your Majesty to decide what to do."

"Bring it here," replied the king. Several soldiers picked up the heavy trunk and carried it into the throne room.

Inside the trunk, Tangseng was very worried. "What will we say to the king?" he asked.

"Stop worrying," replied Sun Wukong. "I have everything under control. When the trunk is opened, the king will bow to us. I just hope that Zhu can keep his mouth shut."

Before Tangseng could say anything, the soldiers put the trunk down in the throne room. They opened the lid. Zhu jumped out, frightening everyone in the room. Sun Wukong climbed out next, helping Tangseng. Sha climbed out last, carrying the luggage.

The four travelers stood in the throne room, waiting. The king stood up from his throne and walked down several steps until he stood in front of the travelers. He bowed and asked, "What brings you gentlemen here?"

Tangseng answered, "I have been sent by the Tang Emperor

to go to Thunderclap Monastery in India, to worship the living Buddha and bring back sacred books to the Tang empire."

"And why were you in the trunk?"

"I knew that Your Majesty had vowed to kill ten thousand Buddhist monks. That is why we dressed as villagers instead of monks. Last night we slept in the trunk because we were afraid of bandits. Our trunk was stolen by the bandits, with us still inside it. Your army commander rescued us. Now that I see your noble face, the clouds have disappeared and the sun has come out. I hope you will allow me to continue on my journey. My gratitude will be as deep as the ocean."

"Honored master, it was wrong of us not to welcome you to our kingdom. A long time ago, some monks said terrible things about me. In anger, I vowed to kill ten thousand of them. We never thought that we would all become monks! I beg you, honored master, please take us as your disciples."

Zhu laughed loudly. "If you are going to be our disciples, what gifts do you have for us?"

The king replied, "Master, if you accept us as your disciples, everything in our kingdom is yours."

Sun Wukong said, "We are monks, we are not interested in your wealth. Please sign our travel rescript and let us leave your city safely. Your kingdom will last forever and you will have a long and happy life."

The king agreed to this at once. Then he asked the travelers to change the name of his country. Sun Wukong said, "The name 'Dharma Kingdom' is good, it's the 'Destroying' word that is the problem. If you change the name of your kingdom to 'Dharma Honoring Kingdom' you will have

> Clear waters and calm seas for a thousand years

> Rain and wind in the proper season
> Peace throughout your kingdom

The king thanked the four travelers and gave them the royal carriage to take them to the western edge of Dharma Honoring Kingdom.

When they reached the western edge of the kingdom, they got out of the carriage and continued their journey. Sun Wukong explained to the others how he had used his magic the night before to shave the heads of everyone. Everyone laughed.

Just then, they saw another large mountain blocking their path. Tangseng said, "Disciples, look at that tall mountain. It looks a little bit evil. I am beginning to feel frightened."

Sun Wukong replied, "Master, have you forgotten the Heart Sutra that was given to you by the Chan Master? Remember these words from the sutra,

> Do not go far seeking Buddha on Spirit Mountain
> Spirit Mountain lives in your heart
> In each person there is a Spirit Mountain shrine
> At this shrine you will be transformed

When the mind is pure it shines like a lantern. When the mind is at peace the world becomes clear. But if you make a mistake, you will not succeed even in ten thousand years. Be strong and Thunderclap Mountain will be right in front of you. Let yourself become frightened and Thunderclap Mountain will remain far away. So forget your fears and just come with me."

Tangseng felt much better when he heard these words. They continued walking and reached the mountain. Looking up, they saw many colors, with white clouds near the peak. The mountain was covered with thousands of pine trees and a few bamboo trees. From far away they heard the sounds of gray wolves, tigers, wild apes, and birds singing in the trees. Then they heard the sound of wind.

"I hear a wind," said Tangseng, frightened.

"Of course. There are winds in all four seasons. Why are you frightened by this one?"

"It is blowing very hard." Suddenly a thick fog arose from the ground. The sun disappeared, the birds stopped singing, and they could not see anything. "And why is there fog when the wind is still blowing?"

"I'll take a look. Please get down off your horse, Master." Tangseng got down. Sun Wukong leaped into the air. He shaded his eyes to look in all four directions. Looking down, he saw a monster spirit sitting by a cliff. He had a big strong body, long fangs, a big nose like a jade hook, golden eyes, and a silver beard. Thirty or forty little demons were sitting near him, all in a straight line and all blowing fog from their mouths.

Sun Wukong laughed and said to himself, "Well, Master was right, it was an evil wind after all. I could kill this monster right now, but that would ruin my reputation. I'll give this business to Zhu."

He returned to Tangseng and said, "Master, my eyes are usually good, but this time I was wrong. There is no monster. The fog is gone now. I think it came from a nearby village where the villagers are making steamed rice."

Zhu heard this. he was hungry of course. He whispered to Sun Wukong, "Did you eat their food?"

The monkey replied, "I just tasted a little bit. It had too much salt for me."

"I don't care how much salt the food has, I would eat it anyway." Zhu walked up to Tangseng bowed and said, "Master, elder brother has just told me that there are people in a nearby village who feed monks. Let me go and beg some food."

Tangseng agreed. As Zhu was leaving, Sun Wukong said to him, "Brother, they only feed good-looking monks. You are quite ugly." So Zhu said some magic words and shook himself. He changed into a short skinny monk holding a wooden fish and beating it with a stick. He did not know any scriptures to recite, so he just said, "Oh great one" again and again.

Zhu walked down the road. Soon he walked right into a group of little demons. The demons grabbed him. Zhu said, "Don't pull me! You can let me eat at each of your houses, one at a time."

One of the little demons replied, "So you want to eat, eh monk? You don't know this, but we like to eat monks. We catch monks, take them to our homes, steam them until they're cooked, and eat them."

Zhu was afraid and angry. He changed back to his true form and began swinging his rake at the little demons. The demons ran away and rushed back to the senior demon. "Disaster, Your Majesty! We caught a little monk. We were going to keep him and eat him later. But then he transformed into a large pig-man. He hit us with a rake."

"Let me go and have a look," said the senior demon. He went for a closer look and saw Zhu, holding the magical nine-toothed rake in his hands. The senior demon shouted, "Where are you from? What's your name? Tell me now and I'll let you live."

"What, you don't recognize me?" replied Zhu.

> I was once Marshal of the Heavenly Reeds
> I was the commander of eighty thousand soldiers on the river of Heaven

> One day in the heavenly palace I insulted the beautiful Chang'e
> Then I ate the Queen Mother's magic mushrooms
> The Jade Emperor hit me with a hammer two thousand times
> And sent me down to the human world
> I became an evil monster like you
> I married a farm girl in Gao Village
> Then I met my elder brother the Monkey King
> He defeated me with his golden hoop rod
> I had to bow and take a Buddhist vow
> Now I am a coolie for the Tang monk
> My surname is Zhu
> My Buddhist name is Zhu Bajie!"

The monster shouted, "So, you are the Tang monk's disciple. I've heard his flesh is tasty. Now taste my mace!"

The monster and the pig began to fight.

> The pig's rake was like a howling wind
> The mace's blows came as thick and fast as rain
> Zhu's rake was like a dragon from the ocean
> The monster's mace was like a snake from a pond
> Their shouts shook mountains and rivers
> They terrified all the creatures in the underworld

As they fought, Sun Wukong laughed and said to Sha, "That pig really is a fool. I told him that there was food, so he went to find out. He probably ran into the demons by now. Well, I'd better go and see how he's doing."

Sun Wukong saw Zhu fighting with the monster. He shouted, "Relax, pig. Old Monkey is here!" Zhu and Sun Wukong fought the monster together. Soon the monster and his little demons ran away in defeat.

The two disciples returned to Tangseng. Zhu was tired from fighting. He was covered with sweat and snot was running from his nose. "What happened to you?" asked Tangseng. "I thought you went to get some rice from the village."

"Elder brother tricked me," said Zhu. "He told me there was a village full of people who would give us food. But there was a crowd of evil demons. They gave me a difficult fight. Monkey helped me and we defeated them."

"Is there really a monster there?" asked Tangseng.

Sun Wukong replied, "There are a few little devils, but they won't give us any trouble. Let's get going. Zhu, you walk in front and clear the path. If the senior demon shows up again, you fight him. I know you can defeat him."

Zhu said, "Brother, you know,

> A prince at a banquet
> Will either be drunk or fed
> A soldier in a battle
> Will either be wounded or dead"

"That sounds bad. Why do you say those things?" asked Sun Wukong.

"By saying this now, I will make myself stronger later." The four travelers continued walking westward on the road to India.

Meanwhile, the senior demon and the little demons returned to their mountain cave. The senior demon was in a very bad mood. One of the junior demons asked, "Why are you so sad today, Your Majesty?"

He replied, "Little ones, usually when I go out on patrol, I can find a few people or animals to bring back for you to eat. But today I met a very dangerous monk, the pig-man Zhu Bajie.

He has come here with his master, a Tang monk. I want to eat the monk's flesh but I cannot defeat his disciple."

One of the little demons said, "Your Majesty, I used to live in the Lion Cave. I worked for the demon of Lion Ridge. My boss also wanted to eat the Tang monk. But the monk's senior disciple, a monkey named Sun, killed my boss and many of the other demons. I escaped through the cave's back door and came here. That is how I know about Sun's powers. He made trouble in heaven five hundred years ago, and all the gods of heaven are afraid of him. You should forget about eating the Tang monk. It's too dangerous."

This story frightened the senior demon. But then another little demon stepped up. He said, "Don't be afraid, Your Majesty. I have a plan for capturing the Tang monk. It's called 'Dividing the Petals of the Plum Flower.' "

The senior demon asked, "What do you mean, 'Dividing the Petals of the Plum Flower'?"

"Call all of your little demons. From all of them, choose the best hundred. From that hundred choose the best ten. From that ten choose the best three. They must be able to change their appearance. Tell the three to change their appearance so they all look just like Your Majesty, with your armor and weapons. Send one to fight Zhu Bajie, one to fight Sha Wujing, and one to fight Sun Wukong. While they are all busy fighting, you can grab the Tang monk. It's easy."

The senior demon clapped his hands and said, "That is a wonderful plan! If it works, I will make you commander of all the little demons." The little demon kowtowed, then went off to call the little demons. Soon, the best three little demons were selected. They all changed their appearance to look like the senior demon. Then they went to wait for the monk and his disciples to arrive.

Tangseng was riding on his horse, surrounded by his three disciples. They heard a loud crashing sound. A demon jumped out and ran straight towards Tangseng. Sun Wukong shouted, "The demon is here. Get him, Zhu!"

Zhu whipped out his rake and began battling with the demon. A minute later, a second demon jumped out and ran towards Tangseng. Sun Wukong said, "I guess Zhu let the demon escape. I will fight him." He began to fight the second demon.

Soon afterwards, there was a great wind and a third demon ran towards Tangseng. "What is going on here?" asked Sha Wujing. But he whipped out his staff and began to fight the third demon.

Now all three disciples were fighting. The senior demon flew down from the sky. He grabbed Tangseng and carried him off to his cave. He entered the cave, carrying Tangseng on his shoulder. "Commander!" he shouted. The little demon who'd given him the plan stepped forward. The senior demon said, "Your plan was a complete success. You are now commander of all my demons. Tell the others to get water, firewood and a large pot. We will steam the Tang monk. Then you and I will eat his flesh and live forever."

The commander replied, "Your Majesty, we must not eat the monk yet. That monkey Sun is really, really dangerous. If he finds out that we've killed and eaten his master, he won't even bother to fight with us. He will just bring down the entire mountain on our heads and kill us instantly."

"What do you suggest?"

"I think we should bring the Tang monk out to the back garden, tie him up, and keep him there for a couple of days. That will clean out his insides. We will wait for the three disciples to go away. Then we can steam the monk and enjoy him in a relaxed way. Okay?"

"Yes," laughed the senior demon, "that's a very good plan."

They took Tangseng to the back garden and tied him to a tree. He began to cry, saying, "Disciples, where are you? I have been captured by an evil demon. When will I see you again?"

As he cried, he heard a voice nearby saying, "Elder, you are also here!"

"Who's that?" asked Tangseng.

"I am a woodcutter who lives on this mountain. I was captured three days ago and tied up. I think they plan to eat me."

"Woodcutter, I am sorry to hear that. But if you die it will only be you. If I die it will be much worse."

"Why do you say that? You are a man who has left the family. You have no parents, no wife, no children."

"I have been sent by the Tang emperor to fetch holy scriptures from the western heaven. If I die here, I will fail my emperor and his ministers. Countless souls in the underworld will never be able to escape the wheel of rebirth. All of my work will be as dust in the wind."

"That is sad indeed. But my death will be even worse. I live alone with my mother. She is eighty two years old, and I am the only one to care for her. If I die, who will bury her?"

"My friend, serving one's emperor and serving one's parents are both the same. You are moved by your mother's kindness, I am moved by my emperor's kindness."

Chapter 86

While Tangseng and the woodcutter were locked up in the

demon's cave, Sun Wukong defeated one of the three false demons. He ran back to the place where his master was waiting for him. But he did not see Tangseng, he only saw the white horse and the luggage. He began searching for Tangseng.

Soon he was joined by Zhu and Sha. There was a lot of confusion, because each of the three disciples thought that they had been fighting the same demon. Each one thought that the others had let the demon escape. Finally Sun Wukong jumped up and shouted angrily, "He's fooled me! He's fooled me!"

"What do you mean?" asked Sha.

"He used the old 'Dividing the Petals of the Plum Flower' trick. He got all three of us to fight other demons, then he jumped down and carried off our master." He started to cry, saying, "What will we do now?""

Zhu said, "Elder brother, don't cry. He must be close. Let's go look for him." They began searching the mountain. After a while they found a large stone gate to a cave at the base of a large cliff. There was a stone tablet above the gate. These words were carved into the stone in large letters, "Hidden Mist Mountain, Broken Peak, Joined Rings Cave."

"This is where the demon lives," said Sun Wukong. "Zhu, go get him." Zhu raised his rake, ran forward, and smashed the stone gate.

The young commander heard the sound. He ran towards the gate and saw the pig-man. He turned and ran back to the senior demon, saying, "Don't worry, Your Majesty. It's just Zhu Bajie. He's no problem. Just watch out for the monkey."

Zhu heard this. He turned and called to Sun Wukong, "They're not frightened of me, elder brother, but they are definitely frightened of you. You'd better come here quick."

Immediately, Sun Wukong ran up to the gate and began shouting for the demons to release his master. Sha followed him.

The demon king heard this. He said to the commander, "You brought this disaster down on us with your 'Dividing the Petals of the Plum Flower' nonsense. How will this end for us?"

"Don't worry, Your Majesty," replied the commander. "I know this monkey. He is a powerful warrior, but he is also quite vain. Let's say some flattering things to him, and trick him into thinking that we've already eaten his master."

"How will we do that?"

"I will make a fake human head. We will show the head to Sun and tell him that it's the head of his dead master."

The commander used his axe to cut a piece of willow root. He shaped it so it looked somewhat like a human head. He bit his lip and let some blood drip onto the head. Then he told one of the junior demons to put the head on a tray and bring it to Sun Wukong, saying, "Oh Great Sage, please let go of your anger and allow us to speak to you."

The junior demon was afraid, but he walked slowly towards the disciples, carrying the head on a tray. Zhu was about to smash the junior demon with his rake. But Sun Wukong liked to be called 'Great Sage' so he held up his hand and said, "Wait a minute, brother. Let's hear what they have to say."

The junior demon said, "Oh Great Sage, I'm afraid that some of the demons in this cave have done a very bad thing. They have eaten all of your master except his head. I have the head right here."

Sun Wukong replied, "Well, if you've eaten him, that's that. Show me the head." The junior demon threw the head. It landed at Sun Wukong's feet.

"Something's not right," said Sun Wukong to Zhu. "When you throw a real human head and it hits the ground, it's quiet. But when this hit the ground it made a loud sound, like hitting two pieces of wood together." He then hit the head with his rod. The head split open, and they could see that it was just a piece of willow root.

The junior demon ran back into the cave and reported this to the senior demon. "Well then," said the senior demon, "we just need to show him a real head. Get one from the kitchen."

The junior demon went to the kitchen, found a pile of human heads, and picked one up. He used a knife to remove most of the flesh from the head. Then he brought it out to Sun Wukong and Zhu, saying, "Great Sage, the first head that I showed you was false. But this really is the head of your master." And he threw the second head on the ground towards Sun Wukong.

Sun Wukong began to cry. He believed that the head was really his master. The three disciples picked up the head. They found a peaceful place not far from the cave. Zhu dug a hole with his rake. They put the head in the hole, covered it with dirt, and placed a few willow branches and stones on top.

Sun Wukong wiped his eyes and said, "Sha, you guard the tomb and keep an eye on the horse and luggage. Zhu, you and I will go and capture that monster and break his body into a thousand little pieces." The pig-man picked up his rake, the Monkey King raised his golden hoop rod, and the two of them ran straight towards the cave. They ran into the cave and began hitting all the little demons.

"What should we do?" said the commander to the senior demon.

He replied, "The ancients say, 'put your hand in a basket of fish, and your hand will stink.' We have started this, now we have to finish it. Stand your ground!" Then he picked up his weapon, an iron mace. He ran outside the cave, followed by the commander and hundreds of little demons. He shouted at Sun Wukong and Zhu, "Don't you know who I am? I am the Great King of the Southern Mountains. I've been here for hundreds of years. I've eaten your master. What will you do about it?"

Sun Wukong replied, "How dare you call yourself Great King of the Southern Mountains? Even Laozi, Tathagata Buddha and Kongzi don't dare call themselves Great King. You are nothing."

The Great Sage and the Great King stood and hurled insults at each other for a while. Finally the monster jumped forward and tried to hit Sun Wukong with his iron mace. The monkey king easily blocked the blow, and the fight began. While they fought, Zhu battled the commander. Sun Wukong saw hundreds of little demons coming. He quickly used his body-dividing magic to make hundreds of little monkeys. Each little monkey began to fight a little demon.

What a battle!

> The monk from the east was traveling west
> The great demon of the southern mountains blocked his way
> Foolishly the monster had captured the Tang monk
> Then he met the Monkey King and the famous Zhu Bajie
> Dust clouds rose, the sky darkened
> Shouts from the demons rose above the battle
> The Great Sage and the pig showed their strength
> The monster and his commander showed their hunger
> The Great Sage and the pig wanted revenge

> The monster and his commander wanted the monk's flesh
> The four of them fought for a long time
> But neither side could win

Finally the Great King of the Southern Mountain saw that he could not win the fight. He flew back into his cave. The commander could not fly away. He was struck down by the monkey king's rod. His body changed into his true form, a gray wolf. Sun Wukong and Zhu looked at the body of the wolf. Then they flew after the Great King.

The Great King told his little demons to block the cave entrance with rocks and dirt. Zhu tried to smash the rocks with his rake, but the rocks did not move. "Don't bother with that," said Sun Wukong. "They have blocked the front gate, but there must be a back entrance to the cave. I'll go and look for it."

"Don't get yourself killed," said Zhu. "We have already cried for Master, I don't want to have to cry for you too."

Sun Wukong walked around the mountain for a while. He heard the sound of flowing water. Looking down, he saw a small stream coming out of a small gate in the ground. He said to himself, "I can turn into a water snake and get in the cave that way. But Master would not like it if I became a long and thin creature. How about a crab? No, Master would not like that either, too many legs." Finally he decided to turn into a water rat. He ran through the gate and followed the flowing water up into the cave.

Soon he found himself in the back of the cave. Looking up, he saw some little devils preparing human flesh for eating. He felt sick when he saw this. "I'd better find out what's going on here," he said to himself. Then he turned into a small bee. He flew through the cave, to the room where the senior demon was sitting.

A junior demon ran up to him and said, "Your Majesty, I was just on patrol outside the cave. I saw the Tang monk's three disciples. They were all standing around a grave, crying loudly. I think they must have thought that the head we gave them was really their master."

Sun Wukong was happy to hear this. He looked around the room. On one side of the room was a very small door. He flew under the door. He found himself in a large garden. He heard the sound of crying. He saw Tangseng and another man. Both of them were tied to trees.

He turned back into his true form and greeted his master. "Is that you, Wukong?" asked Tangseng. "Get me out of here quickly!"

"Don't worry, Master. Wait for a little bit. I have to kill the evil demon first."

He changed back into a small bee and returned to the room where the senior demon was. The demons were talking about how to cook the Tang monk. Should they steam him, fry him, or boil him? One said that they should salt him and take their time eating him. This made Sun Wukong very angry. He said to himself, "What did my master ever do to you?"

He flew up to the ceiling where nobody could see him, and changed into his true form. Then he pulled some hairs from his arm, whispered, "Change!" and turned them into sleep insects. The sleep insects crawled into the noses of the demons, putting them to sleep. The Great King was much larger and he did not fall asleep. So Sun Wukong sent several more sleep insects into his nose. Finally the Great King yawned twice and fell asleep.

When they were all asleep, Sun Wukong broke down the door to the garden. He was about to untie Tangseng, but then he said, "Wait, Master, I need to kill the evil demon first." He ran back into the other room and raised his staff. Then he said, "Oh, wait. Maybe I should rescue Master first." He ran back to the garden. He ran back and forth several times, not sure which thing to do first. Finally he untied Tangseng.

As Tangseng got up to walk away, the other man cried out, "Please save me too, my lord!"

"Who's that?" asked Sun Wukong.

Tangseng said, "He is a woodcutter, also captured by the demons. His mother is very old and he is worried about her. Untie him too."

Sun Wukong led both of them out of the cave. They walked to the grave where Zhu and Sha were standing. Zhu thought that Tangseng was a ghost, but Sun Wukong told him all about the fake head and how he had rescued Tangseng.

Sun Wukong and Zhu went back into the cave. They found the demon who called himself Great King. They tied up the demon and carried him, still sleeping, outside the cave. Then they piled up a lot of dry firewood at the back entrance of the cave. They set it on fire. Zhu flapped his ears to make the fire grow faster. It burned everything in the cave, killing all the little demons.

They returned to Tangseng. They saw that the Great King was waking up. Quickly Zhu smashed him with his rake. The dead Great King turned into a leopard. Sun Wukong said, "Leopards can kill tigers and humans. By killing him we have saved many lives."

The monk and the three disciples got ready to leave. But the woodcutter said, "Gentlemen, my home is not far from here. Would you please come to my home, meet my mother, and let us prepare a meal for you?"

They followed the woodcutter. Soon they saw a small cottage. It was surrounded by a bamboo fence. A stone path led from the gate to the front door. Flowers and trees were all around. An old woman was standing in front of the door, looking all around and calling out, "My son, where are you?"

"I am here, Mother!" he shouted. He ran up to her and knelt before her, crying.

The old woman hugged him. She said, "My boy, you have been gone for several days. I thought the mountain lord had captured you. What happened?"

"Mother, the mountain lord did capture me. I was tied up for several days. They were going to eat me. But these gentlemen saved me. They are holy monks from the Tang Empire, traveling to the western heaven to fetch the Buddha's scriptures. They killed the mountain lord and all of his little demons. If it were not for them, your son would be dead."

Mother and son both kowtowed to the Tang monk and his disciples. Then they hurried into the cottage to prepare a vegetarian meal.

After they had eaten the meal, Tangseng thanked the woodcutter's mother. Then he asked the woodcutter to show them how to return to the main road to the west. The five of them walked for several miles, over hills and across rivers, until they found the main road again.

"Disciples," said Tangseng,

> "I have traveled far on this journey
> Meeting disaster at every river and mountain
> Escaping death from monsters and demons
> My mind is only on the Buddha scriptures
> My thoughts are only on Heaven above
> When will this journey end?

When will I return home?"

The woodcutter heard him and replied, "Don't worry, sir. Three hundred miles from here is India. You are very close to the western heaven."

This made Tangseng happy. He thanked the woodcutter. The monk and disciples turned their faces to the west and continued their journey.

We don't know how long it will take them to reach the western heaven, we will find out in the next chapter.

Proper Nouns

These are all the Chinese proper nouns used in this book.

Pinyin	Chinese	English
Cháng'é	嫦娥	Chang'e, the Goddess of the Moon, an Immortal
Chánshī	禅师	Zen master
Fēn Bàn Méihuā Jì	分瓣梅花计	Dividing the Petals of the Plum Flower, a fighting technique
Gāo Cūn	高村	Gao Village
Gēngshēn	庚申	Gengshen, the 57th day of the Chinese calendar
Gēngshēn Zhāi	庚申斋	Gengshen diet
Guānyīn	观音	Guanyin, a bodhisattva
Hóng Hái'ér	红孩儿	Red Boy, a disciple of Guanyin
Jiǔ Chǐ Bàzi	九齿耙子	Nine-Toothed Rake
Kǒngzǐ	孔子	Kongzi (Confucius), an ancient Chinese philosopher
Léiyīn Sì	雷音寺	Thunderclap Monastery
Léiyīn Shān	雷音山	Thunderclap Mountain
Língshān	灵山	Spirit Mountain, home of the Buddha
Miè Fǎ Wángguó	灭法王国	Dharma Destroying Kingdom
Nánshān Dàwáng	南山大王	Great King of the Southern Mountains, a demon
Qí Tiān Dà Shèng	齐天大圣	Great Sage Equal to Heaven, another name for Sun Wukong
Qīn Fǎ Wángguó	钦法王国	Dharma Honoring Kingdom
Rúlái Fó	如来佛	Tagatha Buddha, an Immortal
Shā (Wùjìng)	沙(悟净)	Sha Wujing, a disciple of Tangseng
Shīzi Dòng	狮子洞	Lion's Cave
Shīzi Lǐng	狮子岭	Lion's Ridge
Sūn Wùkōng	孙悟空	Sun Wukong, the Monkey King, a disciple of Tangseng

Tàishàng Lǎojūn	太上老君	Laozi, an Immortal
Táng	唐	Tang, an empire
Tángsēng	唐僧	Tangseng, a Buddhist monk
Tiān Péng Yuánshuài	天蓬元帅	Marshal of the Heavenly Reeds, a title for Zhu Bajie
Wáng	王	Mr. and Mrs. Wang, innkeepers
Wángmǔ Niángniáng	王母娘娘	Queen Mother, an Immortal
Xīnjīng	心经	Heart Sutra
Xīnyǒu	辛酉	Xinyou, the 58th day of the Chinese calendar
Yìndù	印度	India
Yǐn Wù Shānzhé Yuè Liánhuán Dòng	隐雾山折岳连环洞	Hidden Mist Mountain, Broken Peak, Joined Rings Cave
Yóurén Xiūxí Suǒ	游人休息所	Rest House for Travelers, an inn
Yùhuáng Dàdì	玉皇大帝	Jade Emperor, an Immortal
Zhāo	赵寡妇	Widow Zhao, an innkeeper
Zhào Guǎfù Jiǔdiàn	赵寡妇酒店	Widow Zhao's Inn
Zhū (Bājiè)	猪（八戒）	Zhu Bajie, a disciple of Tangseng
Zhuǎn Lún Cáng	转轮藏	Wheel of Rebirth

Glossary

These are all the Chinese words used in this book, other than proper nouns.

Pinyin	Chinese	English
a	啊	what
ǎi	矮	short
āi	挨	to lean
ānjìng	安静	quiet, peaceful
ānquán	安全	safety
ba	吧	(indicates assumption or suggestion)
bá	拔	to pull
bǎ	把	(preposition introducing the object of a verb)
bǎ	把	(measure word for gripped objects)
bā	八	eight
bài	拜	to worship
bǎi	百	hundred
bái (sè)	白(色)	white
bān (dòng)	搬(动)	to move
bànfǎ	办法	method
bàng	棒	rod, stick, wonderful
bǎng	绑	to tie
bāng (zhù)	帮(助)	to help
bāngmáng	帮忙	to help
bàngōngshì	办公室	office
bāngzhù	帮助	help
bào (zhù)	抱(住)	to hold, to carry
bǎochí	保持	to keep
bàochóu	报仇	revenge

bàogào	报告	report
bǎohù	保护	to protect
bàozi	豹子	leopard
bǎozuò	宝座	throne
bàzi	耙子	rake
bèi	被	(passive particle)
běi	北	north
bēi	背	to carry on back
bèn	笨	stupid, a fool
bì	臂	arm
bì	币	coin, currency
bì (kāi)	避(开)	to avoid
bì (shàng)	闭(上)	to shut, to close up
biàn	变	to change
biān	边	side
biànchéng	变成	to become
biānjiè	边界	boundary
bié	别	do not, other
bítì	鼻涕	snot
bìxià	陛下	Your Majesty
bìxū	必须	must, have to
bízi	鼻子	nose
bù	不	no, not, do not
bù (zi)	步(子)	step
búcuò	不错	not bad
bùguǎn zěnyàng	不管怎样	one way or another
bújiànle	不见了	gone
bùjiǔ	不久	not long ago, soon
bùlǐ	不理	to ignore
bùxíng	不行	no way, out of the question
búzàihū	不在乎	not give a damn about

cā	擦	to wipe
cái	才	only
cáifù	财富	wealth
cáinéng	才能	can only, ability, talent
cǎo	草	grass, straw
chá	茶	tea
chán	禅	Zen Buddhism
cháng	长	long
chǎng	场	(measure word for public events)
chàng (gē)	唱(歌)	to sing
chángshēng bùlǎo	长生不老	immortality (long life no die)
chǎo	炒	stir fry
chē	车	car, cart
chén	尘	dust
chéng (shì)	城(市)	city
chéng (wéi)	成(为)	to become
chénggōng	成功	success
chǐ	尺	Chinese foot
chī (fàn)	吃(饭)	to eat
chī wán	吃完	finish eating
chījīng	吃惊	to be surprised
chīsù	吃素	vegetarian
chōng	冲	to rise up, to rush, to wash out
chóng (zi)	虫(子)	insect, worm
chǒu	丑	ugly
chù	处	location
chū	出	out
chuán	传	to pass on, to transmit
chuān	穿	to wear
chuáng	床	bed

chúfáng	厨房	kitchen
chúfēi	除非	unless
chuí	锤	hammer, (measure word for blows)
chuī	吹	to blow
chún (jié)	纯(洁)	pure
chūxiàn	出现	to appear
cì	次	next in a sequence, (measure word for time)
cìhòu	伺候	to wait on
cóng	从	from
cónglái méiyǒu	从来没有	there has never been
cōngmíng	聪明	clever
cū	粗	broad, thick
cūn (zhuāng)	村(庄)	village
cūnmín	村民	villager
cuò	错	wrong, mistaken
cuòwù	错误	mistake
dà	大	big
dǎ	打	to hit, to play
dà shī	大师	grandmaster
dǎbài	打败	defeat
dàchén	大臣	minister
dài	带	to carry, to lead, to bring
dài	戴	to wear
dài (zi)	袋(子)	bag
dàjiā	大家	everyone
dǎkāi	打开	to turn on, to open
dàn (shì)	但(是)	but, however
dāng	当	when
dǎng (zhù)	挡(住)	to block
dāngrán	当然	of course

dānxīn	担心	to worry, beware
dào	道	path, way, Dao, to say
dào	到	to arrive, towards
dǎo	倒	to fall
dāo	刀	knife
dàoxiè	道谢	to thank
dàshēng	大声	loud
dǎsuàn	打算	intend
dàwáng	大王	great king
de	地	(adverbial particle)
de	的	Of
dé	得	(particle showing degree or possibility)
dehuà	的话	if
děng	等	to wait
dēng (guāng)	灯(光)	light
dēnglóng	灯笼	lantern
dì	第	(prefix before a number)
dì	地	land, ground, earth
dǐ (bù)	底(部)	bottom
diǎn	点	point, hour
diào	掉	to fall, to drop, to lose
dìfāng	地方	local, place
dìguó	帝国	empire
dìmiàn	地面	ground
dǐng	顶	top, to withstand
dìshàng	地上	on the ground
dītóu	低头	head bowed
diū	丢	to throw
dìyù	地狱	hell, underworld
dòng	洞	cave, hole

dòng	动	to move
dōng	东	east
dòngwù	动物	animal
dōngxi	东西	thing
dōu	都	all
duì	对	correct, towards someone
duī	堆	heap, (measure word for piles, problems, clothing)
duìbùqǐ	对不起	I am sorry
dùn	顿	(measure word for non-repeating actions)
duō	多	many
duōshǎo	多少	how many
é	鹅	goose
è	恶	evil
è	饿	hungry
èmó	恶魔	evil demon
èr	二	two
ěr (duo)	耳(朵)	ear
érzi	儿子	son
ěxīn	恶心	nausea
fā	发	to send, to issue
fàn	饭	cooked rice, a meal
fàn	犯	to commit, to violate
fān	翻	to turn
fàng	放	to put, to let out
fāng (xiàng)	方(向)	direction
fáng dǐng	房顶	roof
fángjiān	房间	room
fàngxià	放下	to lay down
fàngxīn	放心	rest assured
fánróng	繁荣	prosperous

fāshēng	发生	to occur
fāxiàn	发现	to find out
fēi	飞	to fly
fēi é	飞蛾	moth
fēicháng	非常	very much
fēn	分	to share, to divide
féng	缝	to sew
fēng	风	wind
fénmù	坟墓	grave
fènnù	愤怒	anger
fēnzhōng	分钟	minute
fó, fú	佛	Buddha, buddhist
fójiào	佛教	Buddhism
fù	付	to pay
fù (qīn)	父(亲)	father
fù (rén)	妇(人)	lady, madam
fū (rén)	夫(人)	lady, madam
fùjìn	附近	nearby
fùmǔ	父母	parents
fǔtóu	斧头	ax
fúwù	服务	serve, service
gāi	该	ought to
gǎi (biàn)	改(变)	to change
gài (zi)	盖(子)	cover
gǎn	敢	to dare
gān	干	dry
gǎn (dào)	感(到)	to feel
gǎndòng	感动	moving
gāng (cái)	刚(才)	just, just a moment ago
gǎnjī	感激	gratitude
gānjìng	干净	clean

gǎnjué	感觉	to feel
gǎnxiè	感谢	to thank
gāo	高	tall, high
gàosù	告诉	to tell
gāoxìng	高兴	happy
gè	个	(measure word, generic)
gē	歌	song
gēge	哥哥	elder brother
gěi	给	give
gēn	根	root, (measure word for long thin things)
gēn (zhe)	跟(着)	with, to follow
gèng	更	more
gèzi	个子	height, build (human)
gōng (diàn)	宫(殿)	palace
gōngjī	攻击	to attack
gōngrén	工人	worker
gōngzuò	工作	work, job
gōu	钩	hook
gōujié	勾结	to collude, in cahoots with
gǔ	股	(measure word for air, flows, ...)
gǔ	古	ancient
gǔ (tóu)	骨(头)	bone
guǎfù	寡妇	widow
guǎizhàng	拐杖	staff, crutch
guān	关	to turn off, to close, to lock up
guāng	光	light
guāngtóu	光头	bald head
guānyú	关于	about
guì	贵	expensive
guì	跪	kneel

guǐ	鬼	ghost
guò	过	to pass, (after verb to indicate past tense)
guó (jiā)	国 (家)	country
guō (zi)	锅 (子)	pot
guówáng	国王	king
gùshì	故事	story
hái	还	still, also
hǎi	海	ocean, sea
hái yǒu	还有	and also
hàipà	害怕	fear
háishì	还是	still is
háizi	孩子	child
hàn	汗	sweat
hǎn (jiào)	喊 (叫)	to call, to shout
hǎo	好	good, very
hào chī	好吃	delicious
hǎoduōle	好多了	much better
hǎokàn	好看	good looking
hāqian	哈欠	yawn
hé	和	and, with
hé	河	river
hē	喝	to drink
hēi'àn	黑暗	dark
hěn	很	very
hépíng	和平	peace
héshang	和尚	monk
hóng (sè)	红 (色)	red
hòu	后	after, back, behind
hóu (zi)	猴 (子)	monkey
hòulái	后来	later

hòumiàn	后面	behind
huà	话	word, speak
huā (duǒ)	花(朵)	flowers
huài	坏	bad, broken
huán	还	to return
huàn	换	to exchange
huángdì	皇帝	emperor
huàngdòng	晃动	to shake, to sway
huānyíng	欢迎	welcome
huāyuán	花园	garden
huí	回	to return
huì	会	will, to be able to
huī	灰	gray, dust, ash
huī (dòng)	挥(动)	to swat, to wave
huǐ (huài)	毁(坏)	to smash, to destroy
huídá	回答	to reply
hūnlǐ	婚礼	wedding
huǒ	火	fire
huó (zhe)	活(着)	alive
huò (zhě)	或(者)	or
huǒyàn	火焰	flame
húsūn	猢狲	ape
hùxiāng	互相	each other
húzi	胡子	beard, moustache
jì	系	to tie
jǐ	几	several
jī	鸡	chicken
jī	击	to hit
jì (zhù)	记(住)	to remember
jiǎ	假	fake
jiā	家	family, home

jiàn	件	(measure word for clothing, matters)
jiān	尖	pointed, tip
jiān	肩	shoulder
jiàn (miàn)	见(面)	to see, to meet
jiǎnchá	检查	to inspect, examination
jiānchí	坚持	to insist
jiǎndān	简单	simple
jiǎng	讲	to speak
jiāng	将	shall
jiào	叫	to call, to yell
jiǎo	脚	foot
jiào shēng	叫声	cry
jiàoxǐng	叫醒	to wake up
jiàozuò	叫做	called
jiàqián	价钱	price
jiārù	加入	to join in
jiāxiāng	家乡	hometown
jíbié	级别	level or rank
jiè	借	to borrow, to lend
jiē (dào)	街(道)	street
jiéhūn	结婚	to marry
jiěshì	解释	to explain
jiēshòu	接受	to accept
jiéshù	结束	end, finish
jīhū	几乎	almost
jìhuà	计划	plan
jìn	近	close
jìn	进	to advance, to enter
jīn (sè)	金(色)	golden
jǐn gēn	紧跟	follow closely

jīn gū bàng	金箍棒	golden hoop rod
jìng	静	quiet
jīng	经	scripture, holy book
jīng (shén)	精(神)	spirit
jīnnián	今年	this year
jīntiān	今天	today
jǐnzhāng	紧张	nervous, tension
jiù	就	just, right now
jiù	救	to save, to rescue
jiǔ	久	long
jiǔ	九	nine
jiǔ	酒	wine, liquor
jiǔdiàn	酒店	hotel, inn
jiùshì	就是	just is
jìxù	继续	to carry on
jù (dà)	巨(大)	huge
jǔ (qǐ)	举(起)	to lift
juédé	觉得	to feel
juédìng	决定	to decide
jūgōng	鞠躬	to bow down
jūnduì	军队	army
kāi	开	open
kāishǐ	开始	to begin
kàn	看	to look
kǎn	砍	to cut
kàn bújiàn	看不见	look but can't see
kàn kàn	看看	have a look
kàn qǐlái	看起来	it looks like
kānhù	看护	to care for
kè	刻	to carve

kē	棵	(measure word for trees, vegetables, some fruits)
kě'ài	可爱	lovely, cute
kělián	可怜	pathetic
kěnéng	可能	maybe
kěpà	可怕	frightening, terrible
kèrén	客人	guest
kěyǐ	可以	can
kòngzhì	控制	control
kōngzhōng	空中	in the air
kǒu	口	mouth, entrance, (measure word for people in villages, families)
kòutóu	叩头	to kowtow
kū	哭	cry
kuài	块	(measure word for chunks, pieces)
kuài	快	fast
kuài diǎn	快点	hurry up
kuān	宽	width
kuījiǎ	盔甲	armor
kǔlì	苦力	coolie, unskilled laborer
kùn	困	to trap
kùnhuò	困惑	confused
lā	拉	to pull
lái	来	to come
láizì	来自	from
láng	狼	wolf
lánzi	篮子	basket
lǎo	老	old
lǎobǎn	老板	boss
lǎohǔ	老虎	tiger
lǎoshǔ	老鼠	mouse

lǎotóuzi	老头子	old man
le	了	(indicates completion)
lèi	累	tired
lí	离	away from, to leave
li (miàn)	里(面)	inside
liǎ, liǎng	俩	both
lián	连	even, to connect
liǎn	脸	face
liǎng	两	two
líbā	篱笆	fence
lìchǎng	立场	position
líkāi	离开	to leave
lìliàng	力量	strength
lìng (wài)	另(外)	other, another, in addition
línghún	灵魂	soul
liú	流	to flow
liù	六	six
liǔ	柳	willow
liú (xià)	留(下)	to keep, to leave behind, to stay
liúshuǐ	流水	running water
lǐwù	礼物	gift
lóng	龙	dragon
lóu	楼	building, floor of a building
lù	路	road
lù	露	to reveal, to expose, dew
lǜ (sè)	绿(色)	green
luàn	乱	chaotic, messy, confused
lǚtú	旅途	journey
ma	吗	(indicates a question)
mǎ	马	horse
máfan	麻烦	trouble

mái	埋	to bury
mài	卖	to sell
māma	妈妈	mother
màn	慢	slow
mǎn	满	full
máng	忙	busy
máo (fà)	毛(发)	hair
mào (zi)	帽(子)	hat
mǎshàng	马上	immediately
méi	没	no
měi	每	each, every
méi (mao)	眉(毛)	eyebrow
méi yǒu	没有	no, not have
měihǎo	美好	nice, happy
měilì	美丽	beauty
men	们	(indicates plural)
mén	门	door
miàn	面	side, surface, noodles, (measure word for flat things)
miè	灭	to extinguish
mǐfàn	米饭	cooked rice
mìfēng	蜜蜂	bee
míng (liàng)	明(亮)	bright
míng (zì)	名(字)	first name, name, (measure word for an occupation or profession)
míngtiān	明天	tomorrow
mìngyùn	命运	destiny
mó (fǎ)	魔(法)	magic
mógū	蘑菇	mushroom
móguǐ	魔鬼	demon
mù (tou)	木(头)	wood
mǔqīn	母亲	mother

ń, en, èn	嗯	well, um
ná	拿	to take
nà	那	that
nǎ	哪	which
ná qǐ (lái)	拿起(来)	to pick up
ná zǒu	拿走	take away
nàlǐ	那里	there
nǎlǐ	哪里	where
nàme	那么	so then
nán	男	male
nán wén	难闻	unpleasant smell
nánguò	难过	sad
nánhái	男孩	boy
nàxiē	那些	those ones
nàyàng	那样	that way
ne	呢	(indicates question)
néng	能	can
ní	泥	mud
nǐ	你	you
niàn	念	to recite
niánjì	年纪	age
niánqīng	年轻	young
niǎo	鸟	bird
niē	捏	to pinch, to squeeze
nòng	弄	to do, to make
nòng qīng	弄清	figure out
nǚ	女	female
nǚ'ér	女儿	daughter
nǚhái	女孩	girl
ó, ò	哦	oh?, oh!
pá	爬	to climb

pà	怕	afraid
pāi (dǎ)	拍(打)	to tap, to slap
pái (zi)	牌(子)	sign
pán (zi)	盘(子)	plate, tray, to coil, to twist
páng (biān)	旁(边)	beside
pángxiè	螃蟹	crab
pǎo	跑	to run
pào chá	泡茶	to make tea
páoxiāo	咆哮	to roar
pèng	碰	to touch
péngyǒu	朋友	friend
pǐ	匹	(measure word for horses, cloth)
piàn (shù)	骗(术)	to trick, to cheat
púrén	仆人	servant
púsà	菩萨	bodhisattva, buddha
pǔtōng	普通	ordinary
qí	骑	to ride
qǐ	起	from, up
qī	七	seven
qián	前	in front, before, side
qián	钱	money
qiān	千	thousand
qiān	牵	to lead
qiān (shǔ)	签(署)	to sign
qiáng (dà)	强(大)	strong, powerful
qiángdào	强盗	bandit
qiángzhuàng	强壮	strong
qiánwǎng	前往	go to
qiāo (jī)	敲(击)	to knock, to strike
qíguài	奇怪	strange

qǐlái	起来	(after verb, indicates start of an action)
qílín	麒麟	kirin
qīn'ài de	亲爱的	dear
qǐng	请	please
qīng (chǔ)	清(楚)	clear
qíngkuàng	情况	situation
qítā	其他	other
qiú	求	to beg
qízhōng	其中	among them
qīzi	妻子	wife
qù	去	to go
qǔ	取	to take
quán	全	complete
qún	群	group, (measure word for group)
ràng	让	to let, to cause
ránhòu	然后	then
rè	热	heat
rén	人	person, people
réncí	仁慈	kindness
rēng	扔	to throw
réngrán	仍然	still, yet
rènhé	任何	any
rénjiān	人间	human world
rènshí	认识	to recognize
rènwéi	认为	to believe
rì (zi)	日(子)	day, days of life
róngyì	容易	easy
ròu	肉	meat, flesh
rù	入	to enter, into
rúguǒ	如果	if

sān	三	three
sēng (rén)	僧(人)	monk
sēnlín	森林	forest
shā	杀	to kill
shān	山	mountain
shàn (zi)	扇(子)	fan
shàng	上	on, up
shāng (hài)	伤(害)	hurt
shāngdiàn	商店	store
shàngkōng	上空	over the sky
shāngxīn	伤心	sad
shàngzhōu	上周	last week
shāo	烧	to burn
shé	蛇	snake
shēn	深	late, deep
shēn (tǐ)	身(体)	body
shén (xiān)	神(仙)	spirit, god
shēng (huó)	生(活)	life
shèng (rén)	圣(人)	saint, holy sage
shèng (xià)	剩(下)	to remain, rest of
shēng (yīn)	声(音)	sound
shéng (zi)	绳(子)	rope
shèng sēng	圣僧	holy monk, Bodhisattva
shēngmìng	生命	life
shēngqì	生气	anger
shēngwù	生物	animal, creature
shēngyù	声誉	reputation
shēnhòu	身后	behind
shénme	什么	what
shénqí	神奇	magical
shénshè	神社	shrine

shí	十	ten
shì	是	is, yes
shì	试	to taste, to try
shí (hòu)	时(候)	time, moment, period
shì (qing)	事(情)	thing
shí (tou)	石(头)	stone
shí (wù)	食(物)	food
shì (yuàn)	誓(愿)	vow
shìbīng	士兵	soldier
shīfu	师父	master
shíjiān	时间	time, period
shìjiè	世界	world
shītǐ	尸体	dead body
shòu	瘦	thin
shǒu	手	hand
shǒubì	手臂	arm
shòudào	受到	to receive, to suffer
shǒulǐng	首领	chief, leader
shǒuwèi	守卫	to guard
shū	书	book
shù (mù)	树(木)	tree
shūfú	舒服	comfortable
shuí	谁	who
shuì	睡	sleep
shuǐ	水	water
shuì (jiào)	睡(觉)	to sleep
shuì bùzháo	睡不着	can't sleep
shuǐchí	水池	pool
shuǐguǒ	水果	fruit
shuō (huà)	说(话)	to say
sì	四	four

sì	寺	temple
sǐ	死	die
sī	丝	silk
sīchóu	丝绸	silk cloth
sìjì	四季	seasonal, four seasons
sīmíng	嘶鸣	to neigh
sīniàn	思念	thought
sìzhōu	四周	all around, four directions
sòng (gěi)	送(给)	to give a gift
sōng kāi	松开	to release
sōngshù	松树	pine tree
suì	碎	to break up
suì	岁	years of age
suǒ	锁	lock
suǒyǐ	所以	so, therefore
suǒyǒu	所有	all
sùshí	素食	vegetarian food
tā	他	he, him
tā	它	it
tā	她	she, her
tái	抬	to lift up
tài	太	too
táitóu	抬头	to look up
tàiyáng	太阳	sunlight
tán	谈	to talk
táo (zǒu)	逃(走)	to escape
táopǎo	逃跑	run away
tì	剃	to shave
tī	踢	to kick
tiān	天	day, sky
tiāngōng	天宫	palace of heaven

tiānkōng	天空	sky
tiānqì	天气	weather
tiānshàng	天上	heaven, on the sky
tiāntáng	天堂	heaven
tiānzǐ	天子	son of heaven
tiáo	条	(measure word for narrow, flexible things)
tiào	跳	to jump
tiáohé	调和	proper, harmony
tìdāo	剃刀	razor
tiě	铁	iron
tīng	听	to listen
tíng (zhǐ)	停（止）	to stop
tīng qǐlái	听起来	sounds like
tīng shuō	听说	it is said that
tóng	铜	copper
tóng	同	same
tōng xiàng	通向	lead to
tōngguān wénshū	通关文书	travel rescript
tóngshí	同时	in the meantime
tóngyì	同意	to agree
tóu	头	head, (measure word for animal with big head)
tōu	偷	to steal
tóufà	头发	hair
tǔ	土	dirt, earth
tuán	团	(measure word for lump, ball, mass)
túdì	徒弟	apprentice
tuǐ	腿	leg
tuīdǎo	推倒	to knock down
tuō	拖	to drag

tuō (xià)	脱（下）	to take off clothes
tūrán	突然	suddenly
wā	挖	to dig
wài (miàn)	外（面）	outside
wán	玩	to play
wàn	万	ten thousand
wǎn	晚	late, night
wánchéng	完成	to complete
wǎnfàn	晚饭	dinner
wáng	王	king
wàng	望	see
wǎng	往	to
wàng (jì)	忘（记）	to forget
wǎng qián	往前	move forward
wángguó	王国	kingdom
wánghòu	王后	queen
wángzǐ	王子	prince
wánquán	完全	completely
wǎnshàng	晚上	evening, night
wèi	为	for
wèi	位	place, (measure word for people, polite)
wěi (bā)	尾（巴）	tail
wéi (zhù)	围（住）	to encircle, to surround
wěidà	伟大	great
wèishénme	为什么	why
wéixiǎn	危险	danger
wèn	问	to ask
wēn (nuǎn)	温（暖）	warm
wènhǎo	问好	to say hello
wénshū	文书	written document

wèntí	问题	problem, question
wǒ	我	I, me
wǔ	五	five
wù (qì)	雾(气)	fog, mist
wū (zi)	屋(子)	small house, room
wǔqì	武器	weapon
wúshù	无数	countless
xǐ	洗	to wash
xī	溪	stream, creek
xī	西	west
xià	下	down, under
xià (tiān)	夏(天)	summer
xià huài	吓坏	frightened
xiàn	线	thread, line, wire
xiān	先	first
xiàng	像	like, to resemble
xiàng	向	towards
xiǎng	响	loud
xiǎng	想	to want, to miss, to think of
xiāng (zi)	箱(子)	box
xiǎng yào	想要	would like to
xiàngshàng	向上	upwards
xiǎngshòu	享受	to enjoy
xiāngtóng	相同	the same
xiāngxìn	相信	to believe, to trust
xiānhuā	鲜花	fresh flowers
xiānshēng	先生	sir, gentleman
xiànzài	现在	just now
xiào	笑	to laugh
xiǎo	小	small
xiǎojiě	小姐	Miss

xiǎoshēng	小声	whisper
xiǎoshí	小时	hour
xiāoshī	消失	to disappear
xiǎotōu	小偷	thief
xiǎoxīn	小心	careful
xiè	谢	to thank
xiě	写	to write
xiē	些	some
xié ('è)	邪（恶）	evil
xǐhuān	喜欢	like
xīn	心	heart/mind
xíng	行	to travel, to walk, OK
xìng	姓	surname
xǐng (lái)	醒（来）	to wake up
xìngfú	幸福	happy
xínglǐ	行李	luggage
xìngqù	兴趣	interest
xíngzǒu	行走	to walk
xīnqíng	心情	feeling
xiōngdì	兄弟	brother
xīshuài	蟋蟀	cricket
xiūrǔ	羞辱	to insult, to humiliate
xiūxi	休息	to rest
xīwàng	希望	to hope
xuǎn (zé)	选（择）	to select, to choose
xuányá	悬崖	cliff
xǔduō	许多	many
xuě	雪	snow
xuě, xuè	血	blood
xuéhuì	学会	to learn
xúnluó	巡逻	patrol

xūróng	虚荣	vanity
xūyào	需要	to need
yá (chǐ)	牙（齿）	tooth, teeth
yán	沿	along
yán	盐	salt
yàn (huì)	宴（会）	feast, banquet
yǎn (jīng)	眼（睛）	eye
yáng	羊	goat, sheep
yáng	阳	masculine principle in Taoism
yàngpǐn	样品	a taste, a sample
yàngzi	样子	to look like, appearance
yánsè	颜色	color
yào	要	to want
yǎo	咬	to bite, to sting
yáo (dòng)	摇（动）	to shake or twist
yàofàn	要饭	to beg for food
yāoguài	妖怪	monster
yāoqiú	要求	to request
yè	夜	night
yě	也	also, too
yī	一	one
yī (fu)	衣（服）	clothes
yìbān	一般	generally
yìbiān	一边	once again
yìdiǎn	一点	a little
yídìng	一定	must
yígè rén	一个人	alone
yǐhòu	以后	after
yīhuǐ'er	一会儿	a while
yǐjīng	已经	already
yín (zi)	银（子）	silver

yíng	赢	to win
yīnggāi	应该	should
yīnwèi	因为	because
yìqǐ	一起	together
yǐqián	以前	before
yíqiè	一切	everything
yìshēng	一生	lifetime
yìsi	意思	meaning
yǐwéi	以为	to think, to believe
yíxià	一下	a bit, a short quick action
yìxiē	一些	some
yíyàng	一样	same
yìzhí	一直	always, continuously
yòng	用	to use
yǒngyuǎn	永远	forever
yòu	又	again, also
yòu	右	right (direction)
yǒu	有	to have
yǒu qián	有钱	rich
yǒudiǎn	有点	a little bit
yǒumíng	有名	famous
yóurén	游人	traveler, tourist
yǒuxiē	有些	some
yú	鱼	fish
yù	玉	jade
yù	御	royal
yǔ	雨	rain
yǔ	语	words, language
yù (dào)	遇(到)	encounter, meet
yuǎn	远	far
yuàn (yì)	愿(意)	willing

yuánlái	原来	turn out to be, original
yuǎnlí	远离	keep away, away
yuánliàng	原谅	to forgive
yuè (liang)	月(亮)	month, moon
yún	云	cloud
zá (suì)	砸(碎)	to smash
zài	再	again
zài	在	in, at
zāinàn	灾难	disaster
zǎo (yìdiǎn)	早(一点)	early
zǎo shang	早上	morning
zěnme	怎么	how
zěnme bàn	怎么办	how to do
zěnme yàng	怎么样	how about it?
zěnmele	怎么了	what's wrong
zhàn	站	to stand
zhàndòu	战斗	fighting
zhǎng	长	to grow
zhāng	章	chapter
zhāng	张	open, (measure word for pages, flat objects)
zhàngfu	丈夫	husband
zhǎnglǎo	长老	chief elder
zhànshì	战士	warrior
zhào	照	according to
zhǎo	找	to search for
zhǎodào	找到	found
zhàogù	照顾	to take care of
zhe	着	(indicates action in progress)
zhè	这	this, these
zhē	遮	to hide

zhè wèi	这位	this
zhème	这么	so
zhèn	阵	(measure word for short-duration events)
zhèn	朕	I (royal)
zhēn	真	true, real
zhèng	正	correct, just
zhěng	整	all, entire
zhēng (qì)	蒸(汽)	steam
zhèng yào	正要	about to
zhèngfǔ	政府	government
zhènghǎo	正好	just right
zhèngzài	正在	(-ing)
zhēnshi	真是	really
zhēnxiàng	真相	truth
zhèxiē	这些	these ones
zhèyàng	这样	such
zhí	直	straight
zhǐ	只	only
zhǐ	纸	paper
zhī	只	(measure word for animals)
zhī	枝	branch
zhī	之	of
zhídào	直到	until
zhīdào	知道	to know
zhīhòu	之后	after
zhǐhuī guān	指挥官	commander
zhīqián	之前	before
zhìshǎo	至少	at least
zhòng	众	a crowd
zhòng	重	heavy, hard

zhǒng	种	(measure word for kinds of creatures, things, plants)
zhōng	中	in, middle
zhōngyú	终于	at last
zhú	竹	bamboo
zhù	住	to live, to hold
zhǔ	煮	to cook
zhū	猪	pig
zhuā (zhù)	抓（住）	to arrest, to grab
zhuàn	赚	earn
zhuǎn	转	to turn
zhuāng mǎn	装满	to fill up
zhuǎnshēn	转身	turn around
zhūbǎo	珠宝	jewelry
zhúlín	竹林	bamboo forest
zhǔnbèi	准备	ready, to prepare
zhuō (zi)	桌（子）	table
zhǔrén	主人	owner
zhǔyì	主意	idea, plan, decision
zì	字	written character
zìjǐ	自己	oneself
zōng máo	鬃毛	mane
zǒu	走	to go, to walk
zuān	钻	drill
zúgòu	足够	enough
zuì	醉	drunk
zuǐ	嘴	mouth
zuì hǎo	最好	the best
zuǐchún	嘴唇	lip
zuìhòu	最后	last, at last
zūn (jìng)	尊（敬）	respect

zūnguì	尊贵	noble
zuò	座	seat, (measure word for mountains, temples, big houses)
zuò	做	to do
zuò	坐	to sit
zuǒ	左	left (direction)
zuó wǎn	昨晚	last night
zǔzhǐ	阻止	to stop, to prevent

About the Authors

Jeff Pepper (author) is President and CEO of Imagin8 Press, and has written dozens of books about Chinese language and culture. Over his thirty-five year career he has founded and led several successful computer software firms, including one that became a publicly traded company. He's authored two software related books and was awarded three U.S. patents.

Dr. Xiao Hui Wang (translator) has an M.S. in Information Science, an M.D. in Medicine, a Ph.D. in Neurobiology and Neuroscience, and 25 years experience in academic and clinical research. She has taught Chinese for over 10 years and has extensive experience in translating Chinese to English and English to Chinese.

www.ingramcontent.com/pod-product-compliance
Lightning Source LLC
Chambersburg PA
CBHW072014110526
44592CB00012B/1297